U0947578

读客文化

牛津通识课：非洲历史

[英]约翰·帕克 [英]理查德·拉思伯恩 著
欧玉芳 译

海南出版社
·海口·

审图号：琼S（2020）058号
图字：30-2020-144号

图书在版编目（CIP）数据

牛津通识课. 非洲历史 / (英) 约翰·帕克 (John Parker) , (英) 理查德·拉思伯恩 (Richard Rathbone) 著 ; 欧玉芳译. -- 海口 : 海南出版社, 2021.1

书名原文：African History：A Very Short Introduction

ISBN 978-7-5443-9518-2

Ⅰ. ①牛… Ⅱ. ①约… ②理… ③欧… Ⅲ. ①科学知识－普及读物②非洲－历史 Ⅳ. ①Z228②K400

中国版本图书馆CIP数据核字(2020)第189450号

牛津通识课：非洲历史

NIUJIN TONGSHI KE: FEIZHOU LISHI

作　　者　[英] 约翰·帕克　[英] 理查德·拉思伯恩
译　　者　欧玉芳
责任编辑　欧大伟
执行编辑　徐雁晖
封面设计　读客文化　021-33608320
印刷装订　北京盛通印刷股份有限公司
策　　划　读客文化
版　　权　读客文化
出版发行　海南出版社
地　　址　海口市金盘开发区建设三横路2号
邮　　编　570216
编辑电话　0898-66830653
网　　址　http://www.hncbs.cn
开　　本　787毫米×1092毫米 1/32
印　　张　8.25
字　　数　113
版　　次　2021年1月第1版
印　　次　2021年1月第1次印刷
书　　号　ISBN 978-7-5443-9518-2
定　　价　36.00元

如有印刷、装订质量问题，请致电010-87681002（免费更换，邮寄到付）

目录

插图目录

| 第一章 |

非洲概念

01

本书是对宏观主题的简短介绍。事实上，它是对两大宏观主题的简短介绍：其一，它关乎非洲其地及其人；其二，它关乎非洲的过往，正如非洲人所设想及历史学家所书写的那样。无论非洲其地其人还是其过往，二者的规模都是巨大的。非洲大陆从地中海南岸一直延伸到好望角，由 50 多个国家组成，其语言和文化是世界上最多样化的。非洲是人类的摇篮，是人类最初进化之地，人类从这里向外扩张并定居在地球上。非洲有着可追溯的历史，最早可至 5000 年前世界最早的古文明——法老埃及。

即使只梳理跨越非洲大陆不同地区的最流水账式的历史脉络，也远远超出了本书的范围。而且这还会像每年哈马坦风从撒哈拉沙漠吹向南方，使塞内加尔到苏丹的天空都像失色的沙尘一样枯燥、干巴巴。概述整个非洲或其不同部分的历史书籍已浩如烟海，我们在本书的末尾也推荐了此类书籍。然而，我们的目标是反思非洲过去被想象和呈现的方式的变化。也就是说，我们并没有只把历史作为一种对过去的再现，而把它排除在一系列真实事件之外。我们的论点由整个非洲大陆的系列事件、发展过程，以及远离非洲的移民裔群所证明。我们希望从这些例子中可以看出非洲过往研究中出现的主要议题、问题和争论。这些问题不仅对了解非洲，而且对了解整个历史学科都至关重要。

我们的议题具有挑战性，不仅因为从客观上看非洲地域广袤、历史厚重且复杂多样，还因为“非洲历史”本身的概念具有争议性——一些人认为它不重要，而另一些人却把它当作意识形态武器，并始终顽固地抵制精确的定义。最后一点可能会显得很奇怪。正如我们刚才所说，非洲是一个大陆，它的过往就是构成非洲历史的要素。但是，一个大陆是否拥有这样的“历史”呢？几乎不可能有一本这样描写“亚洲历史”或“欧洲历史”的书。非洲独特的历史思想基于这样的假设：非洲大陆拥有某种超越地理范围的根本统一性，这种统一性不仅将整个大陆联系在一起，而且使它有别于世界其他地区。

从一开始，种族问题就出现了，因为非洲的历史常常被视为黑人的历史。这就衍生出了一系列问题：如果非洲的历史是整个非洲大陆的历史，那么它是应该将撒哈拉沙漠的北部和南部地区都包括进去，从而包括许多不明显“黑色”人民的历史？还是说，仅仅指撒哈拉以南或“黑非洲”的历史？如果是后者，那么它应该包括在非洲大陆以外生活和死亡的数千万非洲人（主要是奴隶贸易所创造的美洲和亚洲的黑人裔群）的历史吗？除了包容和排斥的问题之外，还有一个问题：非洲历史在本质上是否与世界其他民族或地区的历史一样，遵循同样的“普遍真理”和同样的学术分析方法？抑或是，非洲的特殊性要求研究者按照非洲自己的逻辑来研究它的过去？抑或是，按照它的无数组成部分的不同逻辑来研究？换句话说，“非洲”拥有怎样的非洲历史？

非洲大陆内外的历史学家对以上问题一直存在争议，这似乎令人惊讶。关于非洲历史的研究，学者们在这些基本定义上存在分歧，这说明什么呢？

这个问题的答案部分在于，尽管非洲历史是一个宏大的话题，但它也是一个非常新的话题。作为一项公认的探索性学术课程，它的历史只有四五年。在19世纪和20世纪上半叶，随着现代历史学科在西方大学中的确立，欧洲的普遍看法是，非洲，特别是撒哈拉以南的非洲，没有历史可言。非洲社会不仅被认为是原始和不变的，而且由于其人民普遍缺乏识字能力，故而在很大程度上被认为没有集体历史意识。

这些种族观念是欧洲帝国主义时代的重要组成部分，被提出来作为19世纪末征服和分裂非洲的行为的辩护依据。尽管第二次世界大战后伪科学的种族等级制度和殖民帝国瓦解了，但对非洲历史正确性的怀疑一直持续到20世纪后半叶，其质疑者包括一些历史学界众所周知的主要（欧洲）成员。怀疑论者关于非洲缺失历史意识的看法是错误的。长期以来，非洲人民对过往有自己的理解和自己的记忆方式。非洲的历史不仅仅是被现代大学“研究出来”的历史。好在，近年来，接受非洲过往是历史学科的合法组成部分（就如接受其他殖民地的人民、妇女、穷人，以及迄今为止无声的边缘化群体，他们也是世界的合法组成部分），已经成为承认人类历史多样性的关键性突破。

非洲的诞生

在开始讨论非洲历史的轮廓之前，我们必须首先审查非洲本身的轮廓。两者并不容易分开，因为要想把非洲视为一个地方，就必须从历史中去思考。近几十年来，许多历史学家和其他学者越来越怀疑公认的智慧，开始仔细研究和“解构”（un-package）一系列长期以来被简单地视为理所当然的政治、社会和意识形态知识。这种“解构”部分是为了说明社会和个人如何看待存在于这个世界的自身，并试图证明由此形成的构想比想象的更复杂，更易发生变化。它还关注某些文化如何看待其他文化，特别是欧洲或“西方”如何看待亚洲、非洲、美洲和其他地方的人民。除了复杂性和变化，我们强调的是观察者们是如何表达自己的感知的，他们可以被视为受帝国权力的动态变化所影响。

在这方面，一项开创性成果是爱德华·萨义德（Edward Said）的《东方主义》（*Orientalism*，1978），考察了欧洲视野下奇异、颓废和腐败的“东方”和北非。萨义德因假设存在构建了反东方主义（或“西方主义”）的整体欧洲世界观，而受到了很多批评。然而，尽管他的著作有缺陷，但仍极具影响力，并催生了一系列反映世界观的著作，如罗纳德·因登（Ronald Inden）的《想象印度》（*Imagining India*）、刚果哲学家 V. Y. 穆丹贝（V. Y. Mudimbe）的《非洲的发明》（*The Invention of Africa*）。非洲是怎么发明出来的？是由谁发明出来的？穆丹贝认为，简单来说，非洲的概念最初并非由非洲人发明，而是由非非洲人提出，这就是“差异范式”（paradigm of difference）。换句话说，非洲已成为奇异的三棱镜，外来者（主要是欧洲人）通过这种棱镜折射出“他者”和他们自身的图像。

有很多证据支持这种观点。在 20 世纪之前，很少有非洲居民认为自己是“非洲人”。“非洲人”这个词本身的起源可以追溯到地中海的古典文明时期。希腊人首先设想了地中海世界的三分区域，他们称地中海南岸为利比亚，与东部的亚洲相对，而西北部则是欧洲。在利比亚和亚洲之间有“埃及”（另一个希腊词），其伟大的河流——尼罗河被古代地理学家视为两个领域的分界线。

对希腊人来说，“利比亚人”（Libyans 或 Libyes）一词似乎具有模糊的种族含义，因为它被用来区分地中海沿岸人民与南部肤色较深的“埃塞俄比亚人”（源于希腊语“Aithiops”，意为“晒黑的脸”）。希腊观察家将利比亚人划分为无数个部族，其中一个部族位于腓尼基人的定居地迦太基（现在的突尼斯），后来罗马人称其为阿非利人（Afri）。阿非利加（Africa，即非洲）——“阿非利人之国”，这个词的应用，最初被严格限定于公元前 146 年征服迦太基后所建立的罗马人的一个行省。在公元 7 世纪罗马帝国灭亡和阿拉伯人征服北非之后，同一片沿海地区在阿拉伯语中被称为“伊夫里奇亚”（Ifriqiya）。直到 15 世纪葡萄牙海员将非洲纳入欧洲人的活动范围时，“非洲”一词才普遍适用于整个非洲大陆。

图 1　以地中海为中心的三分世界。这是一幅来自 11 世纪莱比锡手抄本的中世纪“T 形图”，其中尼罗河位于亚洲边境；迦太基、努米比亚、利比亚和毛里（Mauri）位于北非；而埃塞俄比亚、斯科舍（Scotia）、安格利亚（Anglia）位于世界的外围

葡萄牙在“发现时代”的航行不仅有助于增进欧洲对非洲的了解，而且开启了欧洲人对非洲人看法转变的历程。这种转变源自跨大西洋的奴隶贸易。奴隶制是古地中海世界的一个突出特征，它在中世纪的欧洲以各种形式继续存在。它也存在于伊斯兰世界，包括北非和撒哈拉以南的非洲。然而正

是发生在16至19世纪之间的大西洋奴隶贸易迫使大约1200万非洲人迁移到美洲，使欧洲人在种族劣等、奴役和非洲三者之间建立了明确的联系。我们将在第四章再次讨论奴隶制和奴隶贸易。需要注意的一点是，非洲的许多现代观念都是从大西洋奴隶制度这一残酷无情的熔炉中产生的。

此外，正是在这种严峻的考验中，非洲人自己才开始接受非洲的概念。第一批这样做的是受过西方教育的黑人知识分子，包括著名的反奴隶贸易活动家奥劳达·伊基阿诺（Olaudah Equiano），以及亚历山大·克拉梅尔（Alexander Crummell）、马丁·德拉尼（Martin Delany）和爱德华·W. 布莱顿（Edward W. Blyden）等19世纪的非洲裔美国人。这些思想家能够认识到非洲，正是因为他们离开了非洲，他们奠定了后来所谓的“泛非主义”的基础。他们不仅借用了非洲的概念，还借用了19世纪欧洲的种族语言。在早期的泛非主义思想中，非洲——或者有时继续被称为“埃塞俄比亚”的非洲大陆——被视为独特民族（“黑人种族”）的家园。直到19世纪末，这些思想才开始在非洲内部发展，它们首先出现在西非沿海贸易城镇上的那些有读写能力的英语社区中。那时，非洲大陆正处于欧洲殖民征服的边缘，对许多人来说，这一状况将进一步巩固“何为非洲人”这一议题。

正如最近对中世纪的研究所显示的那样，欧洲的概念与非洲一样，都是一种想象。欧洲人不是唯一“发现”非洲大陆的外来者。穆斯林阿拉伯人在先知穆罕默德公元 632 年去世后的 70 年里，横扫了阿拉伯半岛，征服了整个北非沿海地区，并在公元 711 年将他们的统治范围扩大到了西班牙和葡萄牙。在罗马时代，北非曾是早期基督教的中心，而现在北非以穆斯林为主。当地大多数埃及人和柏柏尔人皈依了伊斯兰教，加上阿拉伯移民的涌入，他们共同创造了独特的北非文化和政治王朝。穆斯林地理学家在某种程度上继承了希腊思想中对已知世界的三分法，但这被基于信仰的、更为基本的世界观所覆盖。因此，北非成为伊斯兰居住区（阿拉伯文为“Dar al–Islam”）的一个组成部分，而撒哈拉沙漠以南的地区则被称为非信仰居住区（阿拉伯文为“Dar al–Kufr”），有时被称为战争地区（阿拉伯文为“Dar al–Harb”）。

在第一个千年结束时，骑骆驼的柏柏尔人和阿拉伯商人已经开始在撒哈拉沙漠上与他们口中的“比拉德－苏丹”（Bilad as Sudan，即黑人的土地）建立联系了。随着贸易而来的是伊斯兰教本身，它吸引了来自西非稀树草原王国的商业精英和统治精英，使其成为皈依者，并模糊了伊斯兰信仰和非伊斯兰信仰的界限。非洲东海岸也在进行类似的进程，该进程与印度洋上的穆斯林海上贸易相关联。与后来的大西洋贸易一样，跨撒哈拉和印度洋的贸易也包括奴隶的出口，尽管对穆斯林来说，“异教”而非肤色才是奴役的主要理由。然而，中世纪阿拉伯人所写的关于“比拉德－苏丹”的著作，包括著名的北非历史学家伊本·赫勒敦（Ibn Khaldun）等经验丰富的思想家所写的著作，往往都表达了对“原始”非洲人的蔑视，这种蔑视超越了对异教徒的通常程度。对北非穆斯林来说，“黑非洲”也被认为是“差异范式”。

反过来，北非也给那些试图定义非洲和“黑人种族”的人带来了问题。正如萨义德所言，帝国主义时代的欧洲人可能认为该地区是正在衰落的东方的一部分。但它在历史范围内仍然被认为与南部永恒原始的“部族”非洲形成鲜明对比。在19世纪的泛非主义者中——他们中的大多数人相信非洲的“救赎”将通过皈依基督教来实现——对这个问题的看法表明了他们对伊斯兰教的不同态度。有些人，如布莱顿，对该宗教持高度赞成的态度；另一些人认为这带来了一些问题，因为它在某种程度上与奴隶制存在联系。维多利亚时代的种族神话也产生了“含米特假设”（the Hamitic hypothesis，源自《圣经》中的诺亚之子哈姆）：这个假设认为，来自北方的皮肤白皙的入侵者有责任传播“黑非洲”存在的所有文化成就。早期的泛非主义者也吸收了这一理论，他们急于把黑人历史拉进通史叙述中，而先前的通史叙述则否定了非洲文化与基督教的中东起源之间存在联系。

19世纪那种认为人类可以被划分为不同种族的观点，现在已经被遗传学家和历史学家所抛弃。所以，总的来说，也有一些伟大的理论认为某种本质上的“非洲文明”正在传播。然而，对非洲进行定义的问题仍然存在，这是通过对非洲大陆两位著名历史学家最近的教科书进行比较得出的结论。约翰·伊利夫（John Iliffe）的《非洲人：一个大陆的历史》（*Africans: The History of a Continent*），正如副标题所示，他把非洲的历史当作撒哈拉以南和以北整个大陆的历史。相比之下，弗雷德里克·库珀（Frederick Cooper）的《1940年以来的非洲》（*Africa since 1940*）忽略了北非，将非洲的范围限制在撒哈拉以南地区，并以此暗示后者代表了非洲历史的独特之处。在非洲大陆的另一端——有着白人定居和工业化历史的南非也令人不安地出现在许多教科书中：伊利夫在其著作的最后将南非的现代史纳入了一个独立的章节。按照惯例，这两本书都把印度洋上的马达加斯加岛作为非洲的一部分——尽管同样按照惯例，这两本书对这个问题都没有进行更多的说明。

还有学者主张将非洲移民裔群纳入非洲历史，他们坚持认为，非洲的历史远非止步于非洲大陆的边缘，而是一直延伸到所谓的“黑色大西洋”。这些主张没有对错之分。我们已经注意到非洲移民裔群在非洲概念形成中的重要性，稍后将继续讨论关于非洲移民裔群在非洲历史上所发挥的更大作用。就北非而言，从文化、历史甚至地理上来说，该地区既是非洲的一部分，也是地中海世界、西南亚或中东的一部分。虽然我们会辩称，至少“种族”“部族”“亲属制度”，以及外部观察者排挤非洲社会的各种其他框架现在都已被抛弃或质疑；但自20世纪50年代以来，在恢复非洲大陆的过去方面，我们已经取得了很多进展，因此很难忽略非洲本身的概念。

非洲大陆的谎言：环境和历史

“非洲”很可能是一个虚构的概念。但它也是一种实实在在的存在：各种各样的环境和景观构成了它的人类历史背景。近年来，环境史非常流行，其流行原因部分在于人们对全球气候变化、人口增长、饥荒和生态危机的担忧不断升级。约翰·伊利夫1995年出版的《非洲人：一个大陆的历史》一书以非洲大陆的历史人口学为中心主题，着重强调非洲人作为“代表整个人类殖民了世界上一个特别不利地区的拓荒者”的作用。伊利夫认为，在“古老的岩石、贫瘠的土壤、变化无常的降雨、丰富的昆虫和独特的疾病流行”的恶劣环境中建立持久的社会，代表着人类对抗逆境的胜利。然而，这一胜利来之不易，因为它是以巨大的人类苦难和非洲持续的贫困为代价的。伊利夫坚持认为，“现在是理解和反思非洲大陆历史中折射出的当代问题的时候了”。

我们对过去的看法是由对现在的关注所决定的，这是一种常见的甚至是陈词滥调的看法。众所周知，爱德华·吉本（Edward Gibbon）的《罗马帝国衰亡史》（*Decline and Fall of the Roman Empire*）是现代历史著作的基石之一，其被解读为反映了18世纪末人们对大英帝国衰落的焦虑。也许是这样吧。但是，毫无疑问，非洲历史研究领域受到了过去50年来该大陆起伏不定的命运的影响。受非洲历史上反对殖民统治的解放斗争和建立独立国家运动的启发，20世纪60年代的一些历史学先驱倾向于把他们的注意力集中在政治史上，特别是土著非洲国家的政治史。20世纪70年代，随着政治动荡和经济衰退成为常态，经济史开始崭露头角。随后，人们对社会史越来越感兴趣，即关注普通人的生活经历，而不是狭隘地关注“伟人”的行为。

我们将在不同的时间点回到这条轨道上，包括最近向文化和思想史的“转向”。当然，非洲的史学要比这复杂得多：与这里所概述的线性演化相比，非洲史学有更多重叠和争议的观点。然而，它提醒我们，思考非洲的方式在不断演变。这也适用于像物理环境这种似乎是固定不变的东西。正如詹姆斯·迈卡恩（James McCann）在最近一份关于这一主题的调查中所写的，“环境史和景观史，在很大程度上也是关于非洲历史文化和殖民政府如何看待非洲大陆的想法、观念和对策的历史”。换句话说，我们还没有完成对非洲的设想。

那么，非洲大陆看起来怎么样呢？就地形而言，它没有其他大陆那么极端。山脉地区确实存在：主要是摩洛哥和阿尔及利亚的阿特拉斯山脉，以及从厄立特里亚向南穿越东非大裂谷、大湖地区直至南非德拉肯斯堡的高地脊。众所周知，乞力马扎罗山白雪皑皑的峰顶高出赤道 5895 米 —— 尽管在全球变暖的时期，其白雪皑皑的峰顶明显在退缩。然而，非洲大陆只有 4% 的地方其海拔在 1500 米以上，其中一半位于埃塞俄比亚和厄立特里亚的阿比西尼亚高原。非洲大陆的核心是一座向东隆起的巨大古代岩石高原，但它被一系列广阔的冲积平原所围绕。与非洲的岩石一样，非洲的土壤也很古老，而且很多土地都非常贫瘠，无法用于农业生产。

除较分散的东部高地之外，随着赤道两侧降雨量的下降，非洲的生态系统呈条带状发生了巨大变化。向北，刚果盆地和西非海岸的赤道雨林被林地和稀树草原所取代，接着是半干旱的萨赫勒草原、广阔的撒哈拉沙漠，最后是北非湿润的地中海沿岸地区。在赤道以南，这种模式重复出现，西部的稀树草原被卡拉哈里（Kalahari）沙漠和纳米布（Namib）沙漠取代，然后是南非好望角（Cape）的温带气候。

这些生态区中，大多确实被证明很难让人类居住。具有挑战性的地形、极端气候和高发病率都是造成非洲人口水平始终处于较低位的原因。分散的流动人口，反过来又限制了未来的国家缔造者建立集中政治权力的能力。但如今很少有历史学家会认为环境在实质上决定了人类活动的进程。然而，情况并非总是如此。事实上，“环境决定论”是帝国时代欧洲人看待非洲的核心——就像古代穆斯林对热带地区的看法一样。也就是说，那时候人们普遍认为种族特征源于环境条件，“令人衰弱”的热带气候是非洲黑人落后的根本原因。

没有什么环境比赤道森林更让人感到衰弱。原始、单调且难以穿越的黑暗“丛林”被认为孕育了最原始的东西。赤道丛林曾经是——在许多方面仍然是——关于非洲景观最持久的流行神话，并且它作为非洲“差异性”（otherness）的隐喻，从维多利亚时代的旅游文学，一直延续到约瑟夫·康拉德（Joseph Conrad）1901年的著名中篇小说《黑暗之心》（*Heart of Darkness*）、艾灵顿公爵（Duke Ellington）20世纪20年代的“丛林音乐”（Jungle Music），以及反映现在刚果民主共和国政治暴力的当代报告文学中。

地中海
阿特拉斯山脉
北回归线
阿哈加尔高原
撒哈拉沙漠
提贝斯提高原
红海
赤道
大西洋
南回归线
印度洋
0 500 1000 miles
0 500 1000 1500 km
1
2
3
4
5
6
7
8
9
10
11
12
13
14
15
16
17
18
19
20
赤道林地
土地覆盖1000 m
1 塞尔加尔河
2 冈比亚河
3 尼日尔河
4 沃尔特河
5 贝努埃河
6 尼罗河
7 白尼罗河
8 青尼罗河
9 韦莱河
10 刚果河
11 赞比西河
12 林波波河
13 奥兰治河
14 法尔河
15 德拉肯斯山脉
16 乍得湖
17 图尔卡纳湖
18 维多利亚湖
19 坦噶尼喀湖
20 马拉维湖

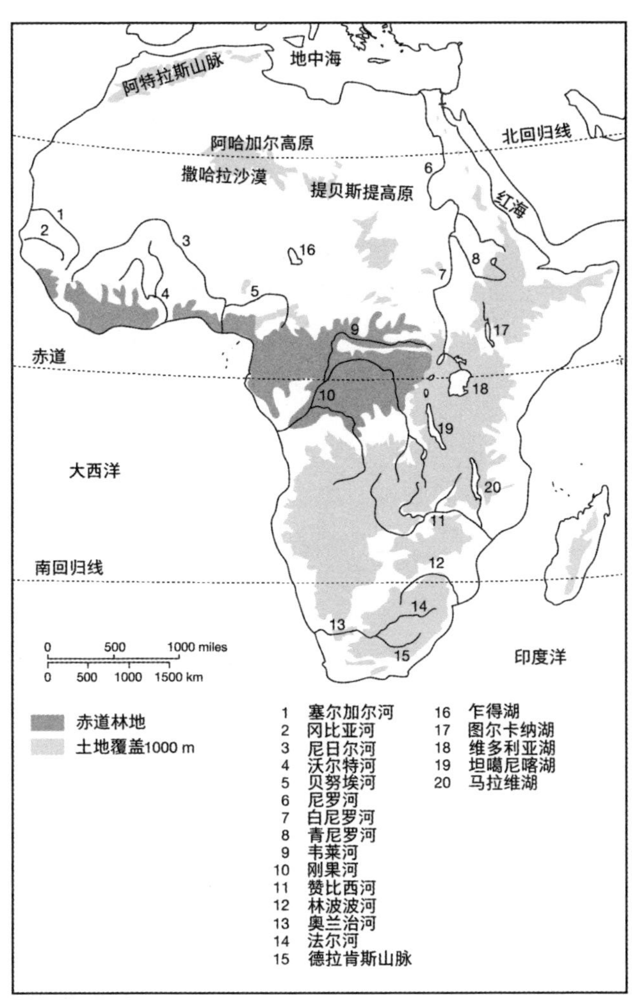

图 2　非洲主要地理形态

非洲的生态区不仅非常多样化，而且随着时间的推移，它们也在发生变化，并且是持续性的变化。变化的方式既有长期的线性变化，也有节奏性的季节变化。此外，局部景观是“人为的”，也就是说它们是由人类活动塑造的。外来粮食作物的引进改变了非洲的农业系统：大麦和小麦在数千年前从亚洲传入非洲东北部，香蕉在第一个千年从东南亚传入非洲，玉米和木薯在16世纪从美洲传入非洲。现代非洲还拥有由混凝土、玻璃、木材和波纹钢铁构成的城市景观，现在非洲大陆近一半的人口居住在城市中。

也许体现非洲环境变化最显著的例子是撒哈拉地区的沙漠化。大约1万年前，热带非洲的气候进入了强降雨时期，在大约5000年的时间里，撒哈拉地区形成了湖泊、河流和茂密的草原。这一环境有利于该地域大部分地区的人类居住。考古证据表明，到这个时代结束时，撒哈拉人已开始从狩猎、捕鱼和采集转向家畜的驯养和谷物的种植。他们还开始创作一些非洲最早的艺术作品，其形式是引人注目的岩画，这些岩画至今仍能在马里的阿德拉尔·德·伊福拉斯（Adrar des Iforas）、阿尔及利亚的阿哈加尔（Ahaggar）和塔西利（Tassili）等多山沙漠中露出地面的岩石上看到。

大约5000年前，降雨量开始下降，在接下来的几千年里，撒哈拉地区变成了我们今天所知道的大沙漠。干旱的过程以各种方式影响着人类的定居——把游牧民族和农业民族，连同他们新的粮食生产技术，向南推进到东非和西部的森林边缘。这迫使其他人从干旱的平原向下进入肥沃的尼罗河谷，从而创造了一个人口集中的地方，并促成了非洲第一个中央集权王国——上下埃及的出现。最深刻的变化是，沙漠化使得撒哈拉以南的非洲和欧亚大陆之间形成了一道巨大的屏障，二者的文化相互隔离，不断发展。直到第一个千年人们开始驯化骆驼再次穿越撒哈拉后，这种文化隔离现象才得以结束。

现在让我们把注意力集中在沙漠屏障的南部边缘，以便更多地思考非洲的概念，以及环境在塑造其历史中的作用。

尼日尔河中部：
城市化、公民社会与帝国传统

1938年，一位名叫维耶拉德（Vieillard）的教师兼业余考古学家在法属西非殖民地苏丹（今天的马里）的詹纳镇（Jenne）以南3公里处的一个旧定居点遗址进行了一次发掘。当地说詹纳克语的人称这个地方为“古詹纳”（Jenne-jeno），它是散布在尼日尔河内陆三角洲洪泛区的众多废弃遗址中的一个。维耶拉德对遗址的报告没有引起任何人的兴趣，古詹纳仍然没有受到学者和文物收集者的关注。直到1977年，也就是马里独立17年后，古詹纳的考古工作才开始。30年后，这项考古工作使古詹纳成为非洲最重要的历史遗址之一。除了一些陶俑，这里没有任何不朽的遗迹，也没有任何壮观的人工制品，然而，考古发掘显示，古詹纳是撒哈拉以南的非洲已知最古老的城市中心，建于公元前3世纪，并持续存在了1600年。它的发现改写了尼日尔河中部地区的历史，改变了我们对非洲城市历史的看法。它还挑战了全球范围内城镇和城市兴起的既定思维。

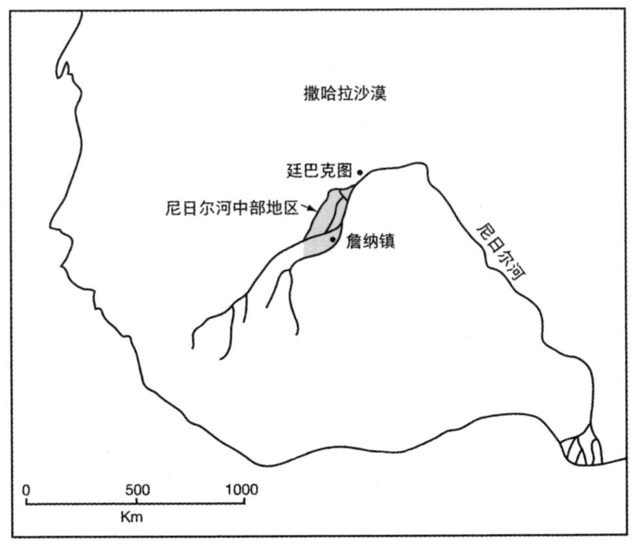

图3　西非尼日尔河中部地区

古詹纳的故事为我们引入了一些主题，例如身份问题、起源问题，以及非洲历史上内部与外部因素之间的紧张关系问题，这些问题我们将在后面的章节中展开讨论。古詹纳考古工作将尼日尔河中部可追溯的历史往前推了2000多年，它还证明了将20世纪上半叶法国开创的所谓“年鉴学派”（Annales school）的见解应用于非洲的可能性和问题：对长期性（longue durée）和精神状态（mentalité）——特定时间和地点的独特心态进行深层次分析，极为重要。

长期以来，尼日尔河中部地区一直是人们对非洲印象的重要来源。萨赫勒（Sahel）位于撒哈拉沙漠干旱的南部边缘，是讲阿拉伯语的人所称的“海岸”，它与公元8世纪至16世纪统治苏丹西部政治版图的三个帝国（加纳、马里和桑海）的先后崛起有关。有关加纳的第一次历史记录是公元8世纪末，大量穆斯林商人被其统治者所控制的利润丰厚的黄金贸易所吸引，而穿越到沙漠的另一边。六个世纪后，正是这种贸易吸引了葡萄牙水手来到几内亚海岸。跨撒哈拉的交流和穆斯林的治国方略支撑

图4　城市建筑的艺术形式。1905年，詹纳（位于当今马里境内）的一座房子：这是横跨西非萨赫勒和稀树草原地区的“苏丹风格”泥基建筑的一个很好的例子。照片由埃德蒙德·福捷（Edmond Fortier，1862—1928）拍摄，他是早期殖民时期法属西部非洲地区著名的摄影师和明信片出版商。福捷驻扎在塞内加尔达喀尔，1900至1910年间他拍摄了大约3300张照片

了苏丹帝国建设的进程，催生了加纳的后继者和沙漠边缘地区的转口港市：内陆三角洲以南的詹纳以及北部的传奇之城廷巴克图（Timbuktu）。

至少，这是对有关苏丹帝国建设进程的老派观点。甚至在非洲历史作为一种学术课题出现之前，在对非洲大陆过去的解释中，加纳－马里－桑海序列就已经发挥了重要作用。对富有同情心的殖民统治者，以及富有开拓性的美洲非裔学者来说，最能从时间迷雾中浮现出来的正是这些伟大的帝国。对第一代所谓的“民族主义”专业历史学家来说，最重要的也是国家。他们关心的是通过证明非洲远非欧洲帝国主义神话中的原始部族王国，而是有着悠久而高贵的国家建设传统，从而将非洲的过去“去殖民化”。这一点在诸如马里这样的伟大苏丹帝国中表现得最为明显。在著名的曼萨·穆萨（Mansa Musa，1312—1337）统治的鼎盛时期，马里幅员辽阔，以其财富和权力遍布欧洲和伊斯兰世界而闻名。

国家的命名

新国家盗用历史名称可能令人困惑。具有讽刺意味的是，尽管其目的往往是消除欧洲殖民时期的命名法，并与真实的非洲历史建立联系，但其中一些古老的名字恰恰也是由外人创造的。埃及、利比亚和埃塞俄比亚最初都是希腊词汇，而摩洛哥和毛里塔尼亚（以及“摩尔人”一词）都是源自罗马词汇，意为北非的一个“部落”。英国的黄金海岸殖民地在独立时取了加纳的名字，尽管这是一个阿拉伯国家的名字，这个国家似乎被自己的统治者称为瓦加杜（与现在的马里和毛里塔尼亚的黄金海岸相距数千英里）。随着历史的延续，法国的苏丹南部殖民地变成了马里，而只有“苏丹”地区的东部（来自比拉德－苏丹）保留了苏丹的名字。或许后殖民时期非洲国家最引人注目的国家重新命名是上沃尔特（原名为Haute Volta或upper Volta）将两种土著语言的单词组合在一起后，改名为布基纳法索，大致翻译为“廉洁之国”。

然而，最近的考古研究，再加上历史学家、艺术史学家和人类学家的研究，迫使人们重新思考这种既定的陈述。第一，对古詹纳的挖掘表明，尼日尔河中部城镇出现的时间远远早于口头传播和阿拉伯编年史所标注的时间。古詹纳远非与世隔绝的地区，而是世界上最后一个被发现的古代城市文明。第二，长期以来的假设，即认为外部力量为苏丹西部非洲的“复杂社会”的发展提供了催化剂，现在已经完全被推翻。远在北非商人到来之前，古詹纳就是繁荣的地区贸易网络中的一部分。第三，本土城市文化以一种非常特殊的形式出现。简而言之，该地区古老的城市景观中没有任何标志性建筑的痕迹，而在世界其他地方，这些建筑通常指向政治权力和宗教权威的中心。考古学家罗德里克·麦金托什（Roderick McIntosh）认为，尼日尔河中部文明的本质不是等级制度，而是多元的“差异化结构”。换句话说，它的本质和核心可能体现于在不诉诸强制性国家权力的情况下，实现自我组织的能力，而不是体现于帝国建立的辉煌历史中。

图 5　13 世纪至 14 世纪，从詹纳地区的古墓中发掘出来的骑乘武士的陶俑——这是帝国传统的化身。骑兵技术在巩固西非大草原上的中央集权中往往起着至关重要的作用

在悠久的历史中，尼日尔河中部曾对具有挑战性的自然环境和同样具有挑战性的人类景观进行了娴熟的管理。前者成功地维持了麦金托什所描述的“一个毗邻荒凉的撒哈拉沙漠的巨大冲积花园”，后者通过“种族和解”的进程确保了社会和谐，并因该区域各民族，包括索宁克人（Soninke）、马林克人（Malinke）、班巴拉人（Bambara）和其他民族所共有的一系列象征性的核心价值观而得到巩固。在这些价值观中，最突出的是当地村庄社区（kafu）的自治和神秘力量（nyama）的概念。随着时间的推移，它们融合成了曼德文化[1]，为世人所知。麦金托什把这种深厚的文化积淀称为帝国传统。曼德文化群体的北部分支——索宁克人统治着加纳王国。从曼德中心地带到南部兴起了另一个分支——马林克人。13 世纪，马林克人推翻了加纳帝国，建立了新的统治体制，即马里王国。

1 曼德文化，主要指母语为曼德语的非洲国家形成的文化，它起源于马里帝国，向东延伸到布基纳法索，向西到几内亚、塞内加尔、冈比亚和几内亚比绍，向南至塞拉利昂、利比亚、科特迪瓦和加纳。（本书脚注皆为译者注）

为了重现帝国传统，历史学家可以求助于考古记录之外的其他资料：北非旅行者和地理学家的记述、当地写的阿拉伯编年史（ta’rikh），以及曼德人自己的“古老语言”（kuma koro）。换句话说，在公元第一个千年末期，史前阶段开始逐渐成为历史。然而，与中世纪欧洲、印度或中国在同一时期产生的大量文字记录相比，这样的资料来源少之又少，而且支离破碎。此外，这些资料还给历史学家带来了解释问题。例如，过度依赖穆斯林游客和编年史作者的观点，在一定程度上解释了为什么早期人们强调外部因素（特别是跨撒哈拉贸易和伊斯兰教）在国家崛起中所起的作用。土著人口述传说的应用有助于纠正这种失衡，但这也存在问题，因为大多数口述内容直到 20 世纪才首次被记录下来，比如曼德文化最著名的知识宝典——长篇史诗《松迪亚塔》（*kuma koro*）。这是一首由口头传说艺人（马林克人称其为“jeliw”或“griots”）精心制作的荷马式史诗，它讲述了松迪亚塔·凯塔（Sunjata Keita）如何征服苏苏（Soso）巫师——苏曼古鲁·坎特（Sumanguru Kante）并创立了马里帝国的故事。

图6 反抗帝国的传统。图阿雷格骑兵手持剑、长矛和盾牌，穿着他们著名的靛蓝长袍，带着头巾。1906年由埃德蒙德·福捷摄于廷巴克图。图阿雷格联盟几十年来一直抵制法国对撒哈拉地区的征服（中间的人物可能是1913年领导攻击廷巴克图法国军事哨所的酋长），并在20世纪80年代再次起来反抗已经成为民族国家的马里

1100 年后，古詹纳开始衰落，到 1400 年，这个城镇已经被遗弃。其原因尚不清楚，不过这确实是一段气候不稳定和自然环境恶化的时期——这些因素也助长了新力量的释放和冲突，最终导致马里的崛起。到了 15 世纪，马里也在衰落，继位纠纷、游牧民族的渗透以及东部对手桑海的崛起削弱了马里的实力。随着帝国统治的瓦解，地方自治得到了重新确立。换言之，当国家改朝换代时，社会依旧得以延续。

然而，帝国传统远未结束。公元第一个千年“公民社会”表面上的和谐，与过去四个世纪该地区所陷入的暴力和经济衰退形成了鲜明对比。在过去四个世纪里，一系列掠夺性的国家缔造者竭力将自己的专横权力强加给当地社区。首先是摩洛哥的征服者，他们在 1591 年穿越沙漠战胜了桑海帝国，而后相继是塞古（Segou，17 世纪）——班巴拉国王、瑟库·阿马杜（Sekou Amadou）极端的伊斯兰神权政治（1818—1862）、乌马尔·塔尔的图库勒帝国（Tukulor，19 世纪 60 年代至 90 年代）、法国殖民政府（1893—1960），最后是它的后殖民继任者——中央集权的马里共和国（被军队统治了几十年）。重现政治叙事一直是历史学中比较容易的部分。但在政治叙事的背后，隐藏着更多难以捉摸的个人斗争和社会生活的历史，它们只是匆匆地出现在历史记录中。恢复和重现非洲历史的挑战就在这里。

第二章

非洲人：多样性和统一性

02

我们强调了非洲大陆巨大的自然规模，现在我们转向历史研究中更令人生畏的真正焦点：非洲人。正如非洲的概念需要仔细审查一样，“非洲人”的概念也需要仔细审查。“非洲人”的概念看上去似乎是显而易见的，非洲是一个大陆，住在这个大陆上的人就是非洲人。这个简单且具有包容性的定义很好。但同样，这也不应被视为理所当然。正如我们所看到的，对非洲看法的转变，以及关于这些看法的意义的学术辩论，实际上都是关于非洲人的。当中世纪的穆斯林阿拉伯人和帝国主义时代的欧洲人把非洲描述成一个没有历史的“原始”地方时，他们相当于在说非洲人是原始的。即使在今天，历史学家也经常面临着关于“非洲人”的行为和想法的全面论断，包括他们过去可能做过和想过什么。这些非洲人是谁？从历史观点上说，他们是如何构建自己的身份和归属感的？

多样性

在东非发现的骨骼遗骸充分表明，人类的原始祖先就是在这个地区首次进化的，在600万至400万年前，他们从黑猩猩的祖先中分离出来。

因此，我们得到了一项简单的观察结果：人类在非洲的历史比在任何其他大陆的历史都要悠久。这种时间深度的部分证据是在非洲发现的人类的极高多样性。今天在非洲大陆的任何地方，即使是最漫不经心的游客也会很快意识到，根本无法对非洲人的外貌进行概括。高矮胖瘦、黑白两色的非洲人并存。尽管这种视觉印象并不精确，但科学证据表明，非洲人体内的基因差异实际上与非洲人和欧洲人之间的基因差异一样多。这使关于种族差异的伪科学理论变得毫无意义，同时也对单一“非洲种族”的独特属性提出了挑战。

然而，物理属性只是更有趣的故事中的一个很小的情节。首先，非洲人说着各种各样令人眼花缭乱的语言。由于语言和方言之间的细微差别，确切的数字是有争议的，但世界上存在1500种左右的非洲语言已得到语言学家的普遍认同。这些语言被分成了对比鲜明的四大类，仅在尼日利亚就有300多种语言。我们还知道，许多语言和方言已经消失，甚至现在还在继续消失，取而代之的是斯瓦希里语、豪萨语和林加拉语等地区通用语言，或者是非洲大陆从外国引进的主要语言：阿拉伯语、法语、英语和葡萄牙语。

除了语言，非洲人在历史上形成了多种多样的文化。“文化”可以广义地定义为特定社区的成员所共有的思想、信仰、价值观和表现形式的总和。对今天到非洲旅游的人，或者对非洲大陆以外的非洲文化消费者来说，这种多样性在表达领域最为明显，尤其是在音乐、舞蹈、造型艺术、建筑风格、服装和身体装饰等艺术表达领域。在这些艺术形式中，非洲音乐是20世纪非洲大陆和世界舞台上最具活力的表达领域。

非洲节奏和欧洲歌曲在美洲的融合改变了世界流行音乐，产生了布鲁斯、爵士、桑巴、松（son）、摇滚、灵魂乐、雷鬼和说唱乐。非洲裔群将这场音乐革命带回了非洲大陆，非洲大陆涌现出了（并继续涌现）新的流行风格，从阿尔及利亚的拉埃（rai）到西非的强节奏爵士乐，再到刚果的伦巴和南非的乡镇爵士乐。

非洲人相信，但也一直像地球上其他地方的人一样怀疑或反对许多宗教，从无数的土著信仰体系到伊斯兰教和基督教，即所谓的世界宗教。后者也以各种形式出现，其中一些构成了非洲对这些信仰的独特历史贡献。在世界宗教领域有许多非洲创新的例子。它们中的许多如今已在欧洲和北美的城市扎根，如起源于20世纪初塞内加尔的穆斯林穆里德兄弟会（Murid brotherhood）或尼日利亚西南部的阿拉杜拉教会（Aladura Churches）。非洲大陆最伟大的精神输出——伏顿（vodun）和奥里沙（orisha，西非的神），他们在巴西和加勒比地区创造了“伏都教”、圣特里亚（santería）、坎多布尔（candomblé）和其他混合宗教。大量非洲人成为基督徒和穆斯林的方式，以及土著信仰的潜在适应性，是非洲历史研究中日益重要的主题。

在政治秩序方面，非洲人拥有各种国家形式，从最绝对的君主政体到截然相反的两极政体。在两极政体下，社会没有可识别的贵族或明确的权威等级，这使得过去的人类学家将此类社会描述为无政府或“无领导”（acephalous，字面意思是“没有头领的”）社会。旅行者和其他外来者毫不费力地理解了他们所认为的非洲王国，因为其中大多数人都有皇帝、国王、哈里发或苏丹的称号。例如，人们只需阅读19世纪欧洲与强大的阿桑蒂（Asante，在今天的加纳境内）国王或布干达（Buganda，在今天的乌干达境内）国王会面的记录，就可以引起这种共鸣。1817年5月，英国特使托马斯·鲍迪奇（Thomas Bowdich）在阿桑蒂首府库马西（Kumase）会见了阿桑蒂王[1]，他在信中写道：这次会面“令人印象深刻”，其盛大的场面凸显了

1　Asantehene，加纳阿桑蒂人的国王。

“我们对君主权力和影响力的印象，我们被派去调解”。

但是，当观察那些无法确定统治者身份的社会时，局外人（以及统治着国家的邻国非洲人）很快得出结论，他们看到的是原始的无政府状态，而不是政治秩序。随着时间的推移，一种更站得住脚的理解出现了：那些无首领的人实际上是服从权威的，他们拥有法律，远非无政府状态。虽然这些社会彼此不同，并随时间而变化，但权力通常授予其所谓“阶层”—— 家族、宗族、长者、宗教组织的代表，通常是上层的男子。某些观察人士将这种形式的政府描述为令人欣慰的集体政府。但很明显，他们对性别的歧视性划分或其他形式的社会分化并不陌生，而且他们可以通过利用胁迫和谈判来维护秩序。大多数非洲人生活在和谐的村庄社区，或者在欧洲殖民统治的暴力强加之前被仁慈的国王统治的观点，根本没有证据支持，它损害了非洲大陆历史的复杂性。

非洲的每个地区都为历史学家提供了语言、文化和政治多样性的研究资料。这些瞬息万变的差异既是历史进程的推动者，也是历史进程的参与者。这些多样性并不是偶然发生的，也不是亘古以来就一成不变的。它们是数千年人类迁徙、征服与服从、文化交流、长途贸易、宗教信仰传播、殖民主义产生及其消亡，以及性吸引力的后果，这可以超越并清除感知差异的障碍。早期欧洲历史学家考察了这一复杂的人类图景，他们被建立在人口大规模物理运动（移民概念）基础上的解释所吸引。然而，现代考古学和语言学研究，似乎更多地指向思想、语言、文化和技术在时间和空间上的逐渐传播。

思考“北非”可能意味着什么，将有助于充实非洲人多样性的内容。现代北非人是土著柏柏尔人和埃及人的富庶民族的后裔，他们与古希腊、腓尼基和罗马定居点的居民、阿拉伯侵略者、长期居住的犹太社区居民、从伊比利亚半岛返回的“摩尔人”，以及通过奴役和远距离贸易来到地中海沿岸地区的撒哈拉以南的非洲人混合在一起，近年来不仅与法国和意大利这样的欧洲大陆定居者，而且与科西嘉岛、马耳他、撒丁岛和西西里岛等多样文化岛屿的欧洲定居者混合在一起。这就构成了相当杰出的遗产和健康的基因库，与孤立的“近亲繁殖”正好相反。

但基因史告诉我们的只有这么多。这种起源的多样性也表明，从冲突以及相互刺激和借鉴中产生的独特文化酝酿已久。在艺术、建筑、烹饪以及更令人兴奋的智力或精神形式中，都有我们今天所说的“融合”的明显迹象。例如，从马格里布（摩洛哥、阿尔及利亚和突尼斯，阿拉伯语中的“西方”）的古典音乐中，不需要太多专业知识就能听出一些中世纪安达卢西亚（Andalucía）、萨赫勒和波斯的音乐风格。同样，如果对北非美食愉快地进行分析，就会认识到它是地中海南部、北部和东部海岸三种口味的混合，例如摩洛哥塔吉，就是干果、橄榄、香料和肉的混合物。

图 7 夫人（signar，来自葡萄牙语中的贵妇“senhora”一词）或“塞内加尔的有色人种女人”，作者勒内·德维伦纽夫，《非洲的历史、民情、惯例和风俗》（巴黎，1814）。在奴隶贸易时代，独立的非洲或欧非商人——贵妇们利用与欧洲人的婚姻和商业联系，在戈雷岛和圣路易斯岛的转口处积累财富和影响力

在全球范围内，北非的案例为我们提供了非常丰富的内容，更不用说整个非洲了。尽管缺乏书面证据，但是大多数非洲人民的历史可以用这种方式来审查，而这些证据往往否定我们的结构和时间深度（见第三章）。在殖民时期以前，非洲很少有地方没有受到外部世界、邻近社会或遥远得多的“其他”社会的影响。当然也有一些非洲人例外，地理距离较远的非洲人不太可能受到这样的影响，比如生活在赤道雨林深处，就像今天刚果民主共和国伊图里（Ituri）地区的“俾格米人”；或者生活在沙漠地区，比如非洲南部卡拉哈里沙漠的桑人（San，或“布须曼人”），就属于没有受到外界影响的少数非洲人案例。孤立往往是不愿冒着被装备较好、怀有敌意的外人一再掠夺的危险而制定的战略所带来的结果，或者是由于被更强大的敌人没收更肥沃的可耕地、牧场或狩猎场后被迫进入边缘生态的后果。尽管“新时代”倾向于将桑人的生活方式浪漫化，无可否认这是对地球上最严酷环境之一的出色适应，但大多数桑人几乎肯定会选择一种更温和的生活方式。

分散的非洲人依靠低水平的技术，过着朝不保夕、勉强糊口的生活，他们并不是浪漫主义者让我们相信的那样，即非洲人是永恒的“石器时代的幸存者”。那些没有发展国家等级制度的社会也不应该被视为比那些发展了国家等级制度的社会更“先进”。殖民时期的人类学家常常寻找与世隔绝、无国籍的民族，认为他们是了解社会制度如何演变的理想实验标本。但最近的研究表明，非洲许多权力下放的社会既是其伟大王国的产物，也是历史力量的产物——包括独立的边疆居民的积极抵抗，并且妇女也可能是国家的缔造者。正如我们在尼日尔河中部所看到的那样，当掠夺成性的国家起起落落时，独立的社区和文化却往往被保存下来。

所有这一切都可以表明，关于非洲人过去和现在的大多数概括，甚至可以说是全部概括，都注定要失败。同样，要理解关于这个或那个是“真实的”还是“不真实的”，或者个人是不是“纯血统”的论断，都需要先理解说话者的意识形态。挑三拣四地去评判哪些人是或不是非洲历史的主角的行为，是毫无道理的。再重复一遍：历史上的非洲人是生活在从尼罗河口到好望角，以及大西洋和印度洋的离岛上的人。近来的历史研究也重新将他们的后代包含进来，他们通过被奴役或自愿移民的方式，来到美洲和非洲海岸以外的其他地方，并建立了社区（见第四章）。最后，我们必须记住，非洲人既包括男人也包括女人。这种最基本的区别深刻地塑造了历史生活和经验，这一事实常常被世界各地对过去的懒散概括所忽视。

历史学家对“非洲人”的定义必然是宽泛的、非种族化的。如果它应该包括非洲以外的离散社区——包括那些不再是离散社区的社区，例如地跨非洲和欧洲的安达卢斯（Al-Andalus，酋长国）——那么它还必须扩展到那些移民到非洲大陆的人和由此产生的混合社会。这些社会长期以来一直拥有非洲沿海地区的特征：从北非复杂的大杂烩（mélange）到东非的斯瓦希里文化、大西洋沿岸贸易城镇的欧非共同体，此后再到 17 世纪被吸引到南非的欧洲、马来西亚和印度移民。拒绝将荷兰人、法国人、英国人及其他在南非定居的“白人”的后代视为非洲人，或者拒绝将定居在南非和东非的印第安人的后代视为非洲人的行为都是武断的，除非我们也准备拒绝把大规模的阿曼（Omani）离散群和扩张到北非的阿拉伯人视为非洲人。

图8　白人殖民者。南非国民党支持者的突击队护送小亨德里克·维沃尔德（Hendrik Verwoerd）博士参加该党50周年庆典。前排中间的骑手是利昂·韦塞尔斯（Leon Wessels），他后来成了南非国民党政府的法律和治安部副部长。他也是该党第一个为种族隔离制度道歉的高级成员。摄影：大卫·戈德布拉特（David Goldblatt），于南非德兰士瓦省德怀尔特（Transvaal, De Wildt，西北省），1964年10月

统一性

尽管如此，如果认为非洲只不过是不同民族、文化和国家的不和谐大杂烩，那就会产生误导。仅仅强调差异，就有可能重蹈欧洲人的老路，把非洲大陆看成是由互不相关、自给自足的部族集团混杂而成——这种观点支持了殖民征服（下文将详细讨论）。的确，历史学家越来越注重探索“相互联系”的线索，不再局限于对特定民族、王国或国家的狭隘研究，转而关注人口流动、商业联系和文化潮流的时空变迁。对这种交流的探索正在突破非洲大陆的边境，将非洲历史研究带入大西洋、印度洋和地中海世界的辽阔裔群领域。

同样重要的是，消除“非洲性”的概念并不是说它毫无价值。恰恰相反，过去两个世纪以来，非洲人和其他人都将单一的种族概念作为理解非洲的一个关键特征。在某种程度上，这在一个两者兼而有之的群体中尤为突出：非洲裔美国人。正如我们在第一章中看到的，正是非洲裔群的知识分子首先开始感知整个非洲大陆的轮廓，他们是否从欧洲人的思想中吸收了独特的非洲种族的概念，或者用当时的语言来说，“黑人种族”的概念呢？尽管欧洲和英美种族理论家试图诋毁黑人，但泛非主义先驱们仍强调种族统一性是救赎的工具。

图 9　阿拉伯殖民者。大约在 19 世纪 80 年代，桑给巴尔（今坦桑尼亚的一部分）阿曼政府的三名官员，他们作为岛上阿拉伯贵族的身份标志是戴着头巾（斯瓦希里语为“kilemba”）和携带装饰性匕首（斯瓦希里语为“jambia”）

关于种族统一性、尊严和救赎的著作，也就是所谓的“复仇主义”文学成为历史研究中越来越重要的参考因素。19世纪末，含米特的“反假设”开始出现，西印度群岛思想家爱德华·W. 布莱顿提出，古埃及是黑人文明和非洲文化的发源地。这一理论在德国民族学家利奥·弗洛贝尼乌斯（Leo Frobenius）的著作中，可以找到一种不寻常的颠倒式呼应。弗洛贝尼乌斯在欧洲新征服的非洲殖民地开展了广泛的旅行，他提出了古代文明残余理论，在欧洲神话中被称为失落的“亚特兰蒂斯”（Atlantis）。然而，非洲裔美国学者和泛非主义领导人杜波依斯（W. E. B. Du Bois）首次对整个非洲大陆的历史进行了认真的尝试，他的著作《黑人》（*The Negro*，1915）对种族统一性和非洲古代王国的荣耀做了全面的描述。1922年，《黑人》成为华盛顿霍华德大学（Howard university）威廉·利奥·汉斯贝里（William Leo Hansberry）教授历史课上的关键教材，这是非洲历史首次出现在大学课程中。

也许欧洲对非洲的看法最明显的变化是对黑人

性文化运动[1]看法的改变。20 世纪 30 年代，法语非洲人和西印度群岛知识分子在巴黎发起了一场文学运动，黑人性文化运动试图通过展示文明的欧洲和原始的非洲丰富的文化遗产，来驳斥帝国主义在种族上的分歧。然而，在这一过程中，它坚持了差异的理念，强调了同质“非洲人民”的特殊属性。在这方面，黑人性文化运动可以与早期以英语为母语的西非学者——如牧师塞缪尔·约翰逊（Samuel Johnson）——较为细致的历史和人种学著作进行对比，该学者倾向于关注自己的民族。也许这是狭隘的，但约翰逊本人并没有涉及本质上的种族差异，而是强调了约鲁巴人和英国人之间惊人的文化相似性。

1　黑人性文化运动，也被译为黑人学文化运动，其主要主张是黑人是感性的，白人是理性的，各有所长。

图 10　黑人殖民者，E. J. 罗耶（1815—1872）。罗耶出生于俄亥俄州纽瓦克（Newark），1846 年移居利比里亚，以商人的身份发了财，1869 年当选总统，任期两年，1871 年被罢免。非裔美国人的殖民地利比里亚建于 1821 年，并于 1847 年成为独立的共和国，它是“报复性”思考非洲和黑人种族的一个重要标志。罗耶的姿势似乎与美国总统亚伯拉罕·林肯的一张著名照片中的姿势相呼应

伪科学种族理论在20世纪下半叶的消亡，以及历史学科证据规则在非洲历史研究中的应用，并没有终结任何非洲文明理念的吸引力。它以各种扩展理论形式留存至今，其中有一些是历史研究的著作，但实际上对布莱顿和弗洛贝尼乌斯的思考几乎没有什么推进。这种写作方式被称为“非洲中心主义”，更准确的术语可能是埃及中心主义。然而法老统治下的埃及是所有非洲文化，或者说独特的“黑人”文明的发源地的观点，仍然让埃及人目瞪口呆。并非所有这类作品都缺乏学术研究，例如马丁·伯纳尔（Martin Bernal）的著作《黑色雅典娜》（*Black Athena*，1987）就代表了对古地中海东部跨文化交流史的认真尝试。但其中大部分都是激烈的争论，而且所有争论都带有极大的经验缺陷。它在非洲历史的主流学术研究中仍然处于边缘地位。“非洲统一性”仍然只是一种强大的意识形态结构，其演变需要认真研究。然而，意识形态无法取代历史，非洲人正在展现的历史比非洲中心主义理论所允许的历史要复杂得多。

身份认同

对非洲历史学家来说，无论对于过去还是现在的非洲人，身份认同可能都是一个棘手的智力问题。非洲人同世界各地的人一样，是许多身份的汇编，其中一些身份是个人或集体声称的，另一些身份是外人强加的。如果人们被问及在世的非洲人中最著名的是谁，通常他们给出的答案是“纳尔逊·曼德拉”。但是，当我们在 2006 年世界杯之后写这篇文章时，有一个很好的理由说，在世的最著名的非洲人是齐达内（Zinédene Zidane）。让我们来思考一下这个人。齐达内是谁？他是什么？他是法国人，在马赛出生长大；但他也是一个北非人，他的父母从阿尔及利亚移民过来；他还是一个柏柏尔人，他的家族扎根于卡比尔（Kabyle）山脉，据说他为自己的祖籍村庄感到无比自豪。他还称自己是一个（不会完全遵循安拉规范的）穆斯林。当然，他还是个足球运动员。齐达内自己选择使用哪一个标签，既取决于他在哪里，也取决于他当时的想法。换言之，身份是多方面的，也是流动的。

具体的个人身份是身份认同中较容易的部分。然而，身份认同，甚至是家庭身份认同，往往不像表面上那么简单。非洲人和其他人一样，在生物学上是直系亲属和更大的亲属网络中的成员。“血缘关系”是殖民时期人类学家的主要关注点，他们了解到非洲人在设计管理家庭事务的方式方面具有不同寻常的创造性。事实上，几乎每一种亲属制度都可以用非洲的例子来说明。与其他人类分类不同的是，这些亲缘关系最终可以被现代的基因研究方法证明或否定。毕竟，你要么是曾祖母的曾孙，要么不是。

然而，大多数关于血缘关系的说法还没有经过基因测试。与世界其他地区一样，非洲为想象力和发明创造了空间。从历史上看，许多个人或家庭都声称与其他更高贵、更富有或更有精神影响力的人有关系。这些说法中，一些是基于真实的血统，但另一些则是虚构的。此类团体在一段时间内保持这种虚构的能力要归功于它们的权力和集体的能力，能够让那些可能对这种说法表示怀疑的人保持沉默。同样地，如果缺乏足够的权力来维持这些虚构的说法，那些拥有合法生育优势的团体和个人就会将这些说法搁置一边。

其他身份认同——种族、政治、文化、宗教——不再那么直截了当，但同样具有政治性和争议性。它们有时具有潜在的危险性：仅在20世纪就有数百万人因为身份问题而丧生。非洲为我们提供了1994年卢旺达种族灭绝的例子，“胡图人”中的极端势力对“图西人”实施了系统的追捕和杀害。仅在一个月的时间里，就有约80万人丧生，其中包括图西人和温和派胡图人——他们被认为是同情者而被杀害。我们将在下文回顾这一悲剧性的历史。

因此，历史学家不断地对这些标签和身份进行质疑。但是，他们有义务对非洲人自己的身份，对他们自称的身份，以及对那些被别人强加给他们的身份进行全面的调查。今天的学术共识是，非生物身份在某种程度上是历史进程的产物。换句话说，无论是有意还是无意，它们都是人为“构建”的。一旦构建起来，身份很少是静态的，而是常常被改变的。环境可以迫使或鼓励人们改变他们的身份。让我们来看两个例子，均来自19世纪动荡的非洲，当时非洲大陆的大部分地区都发生了混乱的变化。

第一个例子是非洲南部祖鲁人的身份塑造。这涉及国家建设、军事征服、地理扩张、难民和战败者的接收，以及大英帝国最终将其征服与殖民。因此，祖鲁人的意义随着时间的推移而改变，正如自称祖鲁人或被称祖鲁人的人构成了迅速变化的人口一样。大约在 1820 年以前，“祖鲁”这个词是一个氏族的名字，它指的是由更强大的姆特瓦（Mthetwa）王国统治的小王国的统治者的名字。军事上的革新和祖鲁统治者沙卡（Shaka）的战略天赋，最终使这个小祖鲁王国战胜了他们的姆特瓦君主，并及时击败了该地区的许多王国，其中一些王国开始认为自己是祖鲁人。这种身份基本上是政治性的，因为在更广阔的区域内的其他王国并没有如此合并，但它们与祖鲁人有许多共同的文化属性，包括语言。

我们的第二个例子是今天尼日利亚西南部和邻近的贝宁共和国的约鲁巴人。与“祖鲁人”这个词一样，“约鲁巴人”在 20 世纪初的意思与 100 年前大不相同。事实上，它最初是从稀树草原来到北部的豪萨人用来描述奥约（Oyo）居民的一个词，奥约只是该地区划分的众多城邦之一。

图 11　沙卡（1828），著名的祖鲁王国建造者雕像，根据纳撒尼尔·艾萨克斯（Nathaniel Isaacs）的著作《东非之旅与冒险》（伦敦，1836）中英国商人詹姆斯·金（James King）的一幅画作改编

尽管语言和文化有着潜在的相似性，但正是这些以城市为基础的王国提供了政治和种族认同的关键点。在 19 世纪早期，最强大的奥约面对豪萨和富拉尼穆斯林革命者的袭击开始衰落，该地区陷入了数十年的自相残杀。

那是一段混乱的时期。难民在流动，新的城镇建立起来，大量的俘虏被卖给了沿海的欧洲奴隶贩子。许多人在巴西和古巴沦为奴隶。另外一些人在海上被英国皇家海军的反奴隶贸易中队拦截，在数千英里外的沿海殖民地塞拉利昂获得解放。正是在这里，“约鲁巴”的概念开始被重新表述。

这一过程的主要参与者是受过西方教育的基督徒，比如塞缪尔·阿加伊·克劳瑟（Samuel Ajayi Crowther，约 1806 — 1891），1822 年他被从葡萄牙奴隶贩子手中解放出来，1843 年被任命为圣公会牧师。那一年，他在伦敦出版了《约鲁巴语言语法和词汇》（*Grammar and Vocabulary of the Yoruba Language*）一书，第二年在塞拉利昂的弗里敦（Freetown）主持了第一次约鲁巴语教堂仪式。1845 年，克劳瑟作为教会传教士协会的一名代理人回到家乡，加入其他返回塞拉利昂的人以及从巴西解放出来的奴隶的行列［在巴西，关于约鲁巴兰（Yorubaland）的观念也在不断演变］，努力创建一个现代的、充满活力的约鲁巴兰。尽管这两个群体都包括穆斯林，但基督教才是他们的核心，其目的是培养一种更广泛的新社区意识。另一位塞拉利昂牧师塞缪尔·约翰逊甚至在其著名的《约鲁巴人的历史》（*History of the Yorubas*，1921 年出版，但在 1897 年已经完成）中指出，奥约的统治者——他自己的祖先——实际上是《旧约》人物的后裔，他们的宗教曾经是一神论的。因此，皈依基督教代表着对古代约鲁巴理想的回归，这种理想曾被“异教”、政治分裂和奴隶贸易所腐蚀。这些基督徒由此铺设了通往现代约鲁巴民族的道路。

祖鲁人和约鲁巴人只是许多非洲人在过去几个世纪中进行了所谓的“种族进化”项目（ethnogenesis projects）的两个例子。这里的关键词是“项目”，也就是说，这些是有意识的尝试——在我们的例子中，这种尝试主要通过贵族阶层和基督教化的精英阶层来改造和扩大归属感而展开。

当然，两者都比本文描述的要复杂。在“祖鲁”（Zulu-ness）和“约鲁巴”（Yoruba-ness）不断发展的领域内外，关于这些标签的确切内容和含义有很多争论。此外，这两个假设的“民族”（nations）在殖民征服后被赋予更广泛的政治身份，使情况更加复杂。在祖鲁人和南非人之间，约鲁巴人和尼日利亚人之间，以及在南非人或尼日利亚人和“非洲人”之间，无论是单一的个体还是集中的群体，都需要重新确定界限。这项工作代代相传，对许多人来说，今天仍在继续。

“部落”

在我们写作本书时，一个受欢迎的纪录片节目刚刚结束了它在BBC电视台的第二季播放。它讲述了主持人布鲁斯·帕里（Bruce Parry）的经历，他每周都充满热情地沉浸在埃塞俄比亚奥莫河谷（Omo river valley）不同非洲人的文化中。这个系列纪录片节目的名字叫《部落》（*Tribe*）。这个节目很有趣，有时也很有启发性，但有一个问题。对非洲身份问题的许多误解，是其他国家对非洲人数百年来看法的结果。过去，欧洲的旅行者、传教士、殖民地管理者和人类学家都倾向于将多重身份划分为单一的“部落”概念。这是一种对非洲人是谁和他们如何生活的局外人理解模式。对使用这种模式的人来说，它承载着各种各样的含义，使用者经常提到它们，就像谈到非洲国家和社会的现实一样。

这一概念存在的问题是其隐含的意义，即我们所有人的多重身份与我们所受统治的政治国家之间有密切的契合。这意味着，例如，阿桑蒂或埃塞俄比亚国家——政治身份——也必然与由血缘关系、宗教、文化或语言衍生出的其他身份联系在一起。

实际上，大多数非洲国家的建设者统治着多元人口，而多元人口很少表现出“部落”概念所假定的那种整齐划一的一致性。虽然有些国家有相当高比例的人口是由血统、文化和宗教倾向联系在一起的，但最近的史学研究强调非洲人的物质流动性以及物质、智力和社会实验的活力。

我们还不断面临关于“部落”成员的分裂和不

可沟通性的断言。卢旺达和邻国布隆迪的胡图族和图西族的例子可能会有启发性。世界新闻界普遍认为，导致 1994 年卢旺达种族灭绝的仇恨是基于一些原始的部落差别。我们被告知，图西人是高大的牧民，他们传统上统治着矮小的胡图人，胡图人是从事耕种的农民。卢旺达和布隆迪的欧洲殖民者，首先是德国人，然后是第一次世界大战后的比利时人，把图西人看作是含米特假设的代表。也就是说，他们被认为是来自北方的贵族入侵者，征服了当地的胡图人。

关于这一点有很多历史可以挖掘。简单的部落模式根本行不通。从我们对该地区的了解来看，殖民主义出现之前的几个世纪以来，分散的王国之间一直在争夺政治权力，但这些冲突的断层线与图西人和胡图人之间的分裂无关。这两组人之间的关系要复杂得多。首先，图西人和胡图人说同一种语言——巴尼亚卢旺达语（Banyarwanda）。此外，在成为殖民地以前和殖民地时期，大量的胡图人是养牛人；殖民前时期，也有占统治地位的胡图人和屈从的图西人。胡图人可以，也确实能够成为图西人，就像图西人成为胡图人一样。虽然“胡图人”和“图西人”的含义随着时间的推移发生了巨大的变化，但是几乎可以肯定，这些含义源自非洲历史动态——那些变化的王权拥有者。这些身份的易变性是变化的后果之一，也是变化的原因之一。

部落的概念与帝国的语言有关。这是罗马征服者对北非土著柏柏尔人（“柏柏尔”一词源于希腊语“barbaroi”，意为“野蛮人”），以及野蛮不羁的不列颠人、高卢人和日耳曼人的设想。有人认为，“部落”并不总是有这样的贬低含义。毕竟，这是《钦定版圣经》（*King James Bible*）描述“以色列子民”分裂的方式。然而，这个词的现代用法是在欧洲帝国扩张的熔炉中锻造出来的。到了19世纪末，欧洲的政治家自信地认为他们创造了历史上最高形式的社会组织——国家。他们认为，这是一种理性而现代的机构，是对陈旧的不民主帝国和王国的一种替代。使用“部落”一词来描述非洲社会，是出于赞扬民族国家的愿望，同时也暗示了其他国家固有的低人一等的地位。这也是进行殖民征服的道德借口。简而言之，相比于民族国家而言，它意味着那些欠发达的原始政治、尚未被启蒙思想所照亮的文化、未受现代科学影响的技术，以及迷信而未达到精神层面的宗教。

事情不能就此打住。随着时间的推移，非洲许多地区的殖民统治“收编”了前殖民时期的当地政治体制。它试图利用较老的非洲国家的统治者作为辅助力量，执行维持和平、向人民征税、筑路和动员劳工的任务。这种地方政府权力下放的制度，是建立在被神圣化为部落地区的基础上的。有时这些地区与殖民前的管辖范围相对应。但也常常发生政府权力没有下放的情况。在没有明显王国或非洲人的地区，或殖民统治者喜欢称其为“酋长国”的地区，非洲人被鼓励推选酋长。例如，在尼日利亚东南部，所谓的“委任酋长”（warrant chiefs）是在讲伊博语的贫困地区设立的，这些委任酋长的合法性依赖于英国政府签发的委任令。在许多地区，酋长缺乏传统的合法性，但在军队或警察中为殖民国家做过一些工作。

在许多情况下，通过殖民干预和土著机构的权力实施，新的身份被创造，旧的身份被重新构想。李·克朗（Lee Cronk）对肯尼亚穆科戈多人（Mukogodo）的研究表明，这群从事狩猎采集（和养蜂）的人是如何在20世纪上半叶放弃自己作为穆科戈多人的身份，转而自称马赛人（Maasai）的。这一进程的催化剂，是英国殖民地国家保留了肯尼亚高地最肥沃的土地，供白人定居者使用。穆科戈多人被命令成为这片土地的原始居民，并被分配到他们自己的保护区内，在那里他们将狩猎采集经济发展成了畜牧经济。邻近的马赛人长期以来一直认为养牛是一种优越的生活方式：在马赛语（Maa）中，人的狩猎采集生活被侮辱性地称为“伊尔·托罗博”（il torrobo）。但是英国人错误地将这个贬义词理解为多罗博（dorobo）部族的名字。不过，多罗博人自己也有其他想法。现在，穆科戈多人在自己保留的土地上建立牛群，以此来统治他们的邻居，他们在世界上的地位已经上升了。他们正在成为马赛人。对那些做出这种转变的人来说，这种转变无论是在情感上还是在智力上都不是一件小事。它包括抛弃旧的身份，旧的身份部分是围绕着独特的语言——雅库（Yakuu）而形成的，取而代之的是一种新的生活方式和不相关的新语言——马赛语，以及其他适应新文化的努力。现在有一群人自称马赛人，而他们的身份也将被外人如此认定，他们离成为完全不同的马赛人只有两代之遥。

比利时统治下的卢旺达和布隆迪也走上了类似的进程。殖民国家要求非洲人在出生登记、工作和跨界旅行所需的文件上说明他们的部落关系。“图西”（Tutsi）和“胡图”（Hutu）这两个词——如我们所知，源自某种更像是阶级术语而非种族的东西——成了部落名称。对某个成员的身份进行记录来确认和形成个人身份。而图西族，很大程度上是因为他们被认为是种族优越的民族，所以变得更受比利时人的青睐，他们在殖民地官僚机构中享有更多接受传教教育和有偿就业的机会。殖民统治并没有造成部落不平等和冲突，而是把它推向了危险的，最终是灾难性的新方向。

在欧洲帝国主义时期，“部落”的概念概括了非洲人的差异性；但就像殖民征服带来的许多变化一样，这个概念已经生根发芽。部落归属感（或者用一个更礼貌但内涵更少的词——“种族”）在许多地方已经被非洲人自己所接纳，与亲属、宗教和国家在同一种归属框架展开竞争。对一些人来说，它包含的道德观念根植于社区和国家所形成的历史记忆之中。对另一些人来说，特别是对寻求区域选民支持的政治家来说，它成了积累权力的工具。正如我们将在后文看到的那样，争夺新国家蛋糕的斗争往往是由民粹主义引发的；民粹主义的力量很大程度上源自对所谓的部落或种族差异的敏感。简而言之，在当代非洲，统一性和多样性的思想之间的紧张关系仍然十分突出。

| 第三章 |

非洲过往：历史之源

03

与各地历史学家一样，非洲历史学家也面临着重大限制。在思考那些试图恢复非洲过往的人所面临的特殊问题之前，对研究世界其他地方历史的历史学家所同样面临的许多类似的问题进行强调也是非常重要的。例如，普通男性劳动者、妇女和儿童的生活往往难以捕捉和解释，有时候甚至不可能捕捉和解释。同样，非洲也面临着自己的挑战，有些挑战是艰巨的，而且并非所有挑战都有解决方案。在应对这些挑战的过程中，历史学家研发了一系列方法，不仅提高了非洲历史研究的复杂性，而且强化了整个历史研究领域的研究技术和分析手段。非洲历史学家在为储存有关人类过去的知识做出贡献的同时，也成为一系列技术开发的先驱者，这些技术使现代历史学家能够对我们所有祖先的生活，进行更有效、更富有同情心的分析。

证据

证据问题是20世纪50年代和60年代非洲历史构建领域争议的核心。所有的历史研究都需要证据作为支撑。可靠的资料来源提供了过去的知识，使历史学家得以分析、解释、比较和推理。相反，缺乏资料来源则让我们对过去的知识不得而知。不管它多有吸引力，如何取代史料，也只能是假设，而不是学术研究。战后非洲历史研究的先驱们历经早期的两大“战役”，其一是消解学术界对恢复非洲过往的可能性所持的怀疑态度。最近，一些观察人士认为，这种保守主义天生就是种族主义，是杜波依斯和汉斯贝里在争取非洲在世界历史上的一席之地时，所面对的态度的延续。虽然有些怀疑者可能会被种族主义所激怒，但他们的反对意见更多地依赖于他们对历史的理解以及历史可能是什么。另一大战役是针对既定的“搞”历史研究的方法的攻击，它的目的是规避非洲大部分地区极度缺乏书面记录的困境。这两大战役关系密切，虽然前者大体上已经赢得了胜利，但后者远未结束，因为研究和撰写非洲历史的方法需要具有持续的创造性。

非洲在历史学科发展的特定阶段遭遇了真正的挑战。在20世纪中叶，历史已经自命为一门有着自己的（对某些人来说，甚至是科学的）方法论的学科，它试图将自己与古物研究、逸事及堆积如山的假定事实区分开来。这种方法的核心是发现书面文件，然后批判性地阅读书面文件（所谓的“原始资料”）。此类原始资料在档案馆和图书馆中的数量最多。优秀的历史学家要做的是用原始资料的作者的母语来阅读这些材料，“如饥似渴”地在“字里行间”阅读原始手稿。如果可能的话，还要依据其他资料来源加以佐证。

如果说文字材料是公认的历史研究的原始材料，那么历史学家又是如何雄心勃勃地想写出非洲历史的呢？大多数的非洲语言都不是抄写语言，也就是说，在19世纪末或20世纪以前它们是用来口述而不是用来书写和阅读的。但具有开创性的历史学家首先希望恢复的是早期的非洲历史。在非洲大陆摆脱殖民统治的鼓舞下，他们试图向持怀疑态度的同事和更广阔的世界表明，在被欧洲征服之前，非洲大陆有自己的历史——本可以作为非洲以后发展的模板。对许多人来说，由殖民征服产生及带来的关于非洲历史的资料已被破坏。有人认为真正的非洲声音在这种材料中被震聋或歪曲了。

20 世纪 50 年代以前，非洲历史的大部分内容都属于“帝国历史”的既定传说，其流派由欧洲探险家、传教士、殖民地总督和商人等非洲职业人士所主导。在欧洲帝国的创建和毁灭中，非洲人本身往往被视为客体而不是主体。然而，并非所有的文献都天生缺乏同情心，特别是英国和法国的文献，它们都有生动、多样的反帝国主义记录，这些历史文献阐述了殖民征服对非洲人的恶劣影响。然而，这些历史文献实际上比它假装的更接近帝国圣徒言行传，它也倾向于将非洲人客体化，而没有认真对待他们的长期历史和他们的社会组成。毕竟，非洲人在习惯性被忽视或被视为长年受害者之间没有多少选择。可类比的情况可能是，法国和英国没有自己的早期历史，除了罗马扩张以及在早期罗马的基督皈依中扮演有利或敌对的角色。正是这种简化和歪曲，使得非洲新历史学家开始纠正这些问题。

书面文献来源：第1部分

土著文字记录并非完全缺失。世界上最古老的文字之一是古埃及文字，它的破译在19世纪20年代将历史与史前史的界限追溯到数千年前。“具有讽刺意味的是，我们对法老新王朝文化变迁的了解比我们对18世纪库巴文化变迁的了解还要多。”3000年以后库巴（一个中非王国）的主要历史学家让·范西纳（Jan Vansina）悲叹道。书面语言也为埃塞俄比亚的历史提供了异常丰富的资料。从公元5世纪开始，埃塞俄比亚科普特教会（Ethiopian Coptic Church）——最早的基督教会之一，就使用了一种叫作吉兹（Ge'ez）的手写语言（其手稿起源于古代的南阿拉伯）来翻译《圣经》，并记录它所占有的土地、祈祷者、治愈信条及圣徒的生活。在这些教会文件之外，还增加了皇家编年史以及中世纪的法律和历史汇编文件，如《基布雷内加斯特》（*Kebra Nagast*，或称《国王的荣耀》），它呈现了埃塞俄比亚国王统治的意识形态基础。

伊斯兰教的进步确保了阿拉伯语（《古兰经》

的语言）在有识之士中的传播。到了公元 8 世纪，有关撒哈拉以南的非洲的珍贵信息片段，开始从穆斯林旅行者和地理学家的叙述中浮现出来。事实证明，这些资料对于恢复苏丹王国和东海岸斯瓦希里城邦的早期历史至关重要。然而，这些仍然是外界短暂的印象（见第一章）。直到许多世纪以后，当地书写的阿拉伯语编年史才出现在撒哈拉以南：首先是《基尔瓦编年史》（*Kilwa Chronicle*），讲述了今天坦桑尼亚沿海城镇基尔瓦的历史（1520）；接着是艾哈迈德·B. 富图瓦（Ahmad B. Furtuwa）对苏丹中部博尔努州（Bornu）的描述（1576）；然后是两部伟大的"廷巴克图编年史"——《塔里克法塔什》（*Ta'rikh al-fattash*，1655 年完成）和阿尔萨迪（al-Sa'di）的《塔里克苏丹》（*Ta'rikh al-sudan*，1655）。此外，从 18 世纪起，阿拉伯文字也成为豪萨语、福尔富德语（Fulfulde）和斯瓦希里语这三种主要非洲语言音译的基础。

图 12　19 世纪 90 年代，埃塞俄比亚东正教司铎在厄立特里亚展示宗教手稿。来自费迪南多·马提尼（Ferdinando Martini）的《内尔的意大利非洲》（*Nell'Africa Italiana*，米兰，1895）

由于1652年荷兰在殖民地好望角（后来的南非）发展种植业，因此我们可以接触到用荷兰语写成的文献，并且越来越多地接触到用荷兰语的本土发展变体——南非荷兰语（Afrikaans）书写的文献。南非荷兰语是一种由非洲语、葡萄牙语和马来语组成的语言。这些资料来源的时间深度和丰富性，使南部非洲的历史学家能够以某种程度的细节重建过去的某些方面，这在撒哈拉以南的非洲大陆的其他地区是难以效仿的。与穆斯林游客对非洲黑人的描述以及15世纪欧洲商人、传教士、士兵和探险家产生的大量文献一样，这些材料大多是片面的、带偏见的和误导性质的。就像所有的历史资料一样，它们需要更多批判性的阅读和细致的分析。

一旦进入19世纪和20世纪的欧洲帝国主义时代，关于非洲人的文献和非洲人自己撰写的文献的数量就急剧增加。这些材料的大部分，特别是非洲人自己撰写的文献是在基督徒的传教工作中产生的。早在19世纪末征服和分裂非洲之前，传教士就已经出现在非洲大陆的许多地区。早期，基督教皈依者寥寥无几，但新教使团特别重视将《圣经》、赞美诗和祈祷词翻译成当地语言。与《古兰经》最好是用原版阿拉伯文来听和读不同，基督教的《圣经》欢迎被翻译。因此，往往是传教士，包括非洲和欧洲的传教士，带头将许多语言的口头交流形式转变为书面交流形式。这项语言工作的最终目的是使非洲人皈依基督教，但它也导致了大胆的新历史书面形式的出现，其中大部分书面形式是受到《圣经》本身的叙述驱动的启发。基督教着眼于进步的未来，但它也产生了思考过去的新方法。

这一进程首先出现在基督教化、英语化和自我意识现代化的 19 世纪西非沿海贸易散居地。它形成于非洲史学的两个开拓性里程碑中，这两座里程碑是塞缪尔·约翰逊的著作《约鲁巴人的历史》和卡尔·克里斯蒂安·林德尔夫（Carl Christian Reindorf）的著作《黄金海岸和阿桑蒂历史》（*History of the Gold Coast and Asante*，1895）。两位作者都是为新教传教而被任命的牧师，约翰逊属于英国圣公会传教士协会，林德尔夫为瑞士巴塞尔传教协会服务。约翰逊是约鲁巴人，其父母从奴隶船上被解放出来，在塞拉利昂登陆，他在塞拉利昂出生并接受教育。林德尔夫是来自黄金海岸阿克拉地区的伽人（Ga），他的祖父是当地的丹麦商人。两人都热衷于基督教的蓬勃发展和福音传播，都热衷于物质和道德的进步，都热衷于英国的统治。他们认为，英国的统治对消除“异教”和暴力的政治分裂及非洲国家作为现代国家的最终崛起至关重要。

这两本卓越的著作结合了密集的民族志观察、传统起源和详细的历史叙述，这些历史叙述是由个人经验、口头研究和古老的欧洲文字记录（林德尔夫的著作）构成的。约翰逊的作品对约鲁巴人的身份观念产生了深远的影响，他的论述为一个统一“国家”的历史叙述建立了模板，同时也刺激了其他当地历史学家著书立说——当地历史学家因约翰逊对奥约和伊巴丹城邦的偏见而感到不安。重要的是，他和林德尔夫用英语写作，原因之一是对英语的掌握被视为一种进步的工具，原因之二是他们设想的读者包括欧洲人。但这两本书在各自的原产地之外基本上都被忽视了，无法改变欧洲普遍认为热带非洲没有可恢复的历史的观点。直到最近几十年，学者们才开始全面地意识到它们的重要性，无论是作为历史研究的主要来源，还是作为历史研究的先驱作品。

图 13　翻译《圣经》。一个由巴塞尔传教士和非洲牧师组成的团队，包括卡尔·克里斯蒂安·林德尔夫（右二），在黄金海岸（今天的加纳）的阿博科比（Abokobi）对伽语版《圣经》进行修订（约 1900—1902）。摄影：马克斯·舒尔茨（Max Shultz）

非洲语言的翻译（及其标准化）工作一直延续到殖民统治时期。记录当地历史传说的工作也是如此（见第五章）。欧洲许多地区的行政人员强调使用当地方言，以便收集关于非洲臣民的情报，并向他们传达指示。例如，英国殖民军队在西非和东非的指挥语言分别是豪萨语和斯瓦希里语。许多早期的人种学者热衷于记录非洲语言，其中一些人的工作与协助殖民计划的工作密切相关。所有这些都是第一代接受西方教育的非洲人的功劳，以欧洲人的名义出版的大量语言著作、人种学以及历史著作，都是匿名的“非洲线人”辛勤工作的结果。

醉王：口头传说

非洲主义历史学家的先驱一代并没有对书面文献的中心价值提出异议。不过，考虑到非洲大陆广袤的土地及其深厚的历史，这样的资料来源非常稀少。如果以欧洲和伊斯兰地中海地区的游客而不是非洲人自己的记录为基础，非洲的历史将会呈现出怎样的面貌呢？人们认为，依赖这些证据，可能会重复帝国历史上对“土著”的处理中过于明显的无知化、物化、屈尊化和本质主义化。由此，他们开始争论“来源”和“文献”的合二为一，认为证据的概念不必仅仅是书面文献的同义词。研究经验——听非洲人谈论非洲过往——使他们认为口头传说可以被认真对待。为了不与“口述史”（oral history，也就是个人记忆的记录）混淆，口述传统被定义为代代相传的事件，这些事件一直追溯到遥远的过去。这无疑是激进的。历史学家对那些看起来更古老的口头陈述的书面版本并不陌生，比如，荷马史诗《伊利亚特》（*Iliad*）、《奥德赛》（*Odyssey*）和北欧神话《贝奥武甫》（*Beowulf*）一直是西方文化的中流砥柱。但是，现代历史学家试图将自己与他们的浪漫主义的知识分子前辈区分开来，知识分子前辈一直致力于通过挖掘特洛伊或克里特迷宫的遗址来证实这些经典的文本，而现代历史学家则把这些古老的叙述当作神话及反映心理语言的“原型”。

对有缺陷的文献来源的担忧，吸引了越来越多的学者离开大都市的图书馆和档案馆，来到非洲的城镇和乡村，寻找真实历史叙述的活宝库。国王、首领、长老、穆斯林学者、宫廷历史的专业守护者，以及曼德人的口头传说艺人（Mande jeliw）这样的专业诗人，都被问及非洲过往。于是，详细的口述文献出现了。这些文献中有一些是已经发现的口头传说，它们已经被约翰逊、林德尔夫和其他非洲先驱学者记录下来。有人认为，这些传说可以用历史学家阅读书面文件的方式来解读，这是让·范西纳在《口头传说》（*Oral Tradition*，1965，但1961年首次在法国出版）一书中阐述的观点。这是一个宏大而勇敢的主张，颠覆了传统的历史实践。它不仅对非洲历史的恢复产生了重大影响，而且对太平洋、美洲和其他地方传统上没有文化的社会的恢复也产生了重大影响。社会历史学家也饶有兴趣地阅读新非洲史，他们为在已形成读写文化的社会中再现下层历史（history from below）所遇到的困难而沮丧；这种方法论的影响在20世纪60年代末激进的《历史研讨杂志》（*History Workshop Journal*）的文章中，表现得十分明显。

然而，正如范西纳从一开始就认识到的那样，口头传说并不简单易懂。它们是在特定的文化中产生的，并受到当地审美偏好的强烈影响，叙事往往通过精神或奇特的转变而不是时间上的渐进变化来推进。早期对确定事件日期的尝试——通常是对许多传统中常见的“国王名单”使用平均统治时间——被证明是失败的，因此这种尝试很快就被放弃了。他说，非洲王朝也许展现了更伟大的秩序……约瑟夫·米勒（Joseph Miller）在最近的一份评估报告中指出：“较之世界其他地方不可预测的权力斗争，权力斗争的道路是渺茫的。”显然，正是这些权力斗争塑造并继续塑造着过往的各种版本。口头叙述是不成文的文本，它们很少得以作为真实信息的可靠载体。然而，它们越来越多地被思想文化史学者当作引人入胜的资料来源，他们热衷于理解文化背景的意义，而不是事件的顺序和原因。“它是公元前150年之前不可靠的世界历史指南（这是罗利在被处决前所得到的评价）”——这个类比可能是我们对沃尔特·罗利（Walter Raleigh）的《世界历史》（*History of the World*，1614）的现代看法，但作为文献，它提供了17世纪早期受过教育的英国人对历史的理解和洞察。

这些问题可以通过思考受过非洲最严格审查的口述传说之一，即今天刚果民主共和国的卢巴王国的口述传说来说明。就像曼德人杰利乌表演的

《松迪亚塔》故事一样，卢巴传说（Luba tradition）是一种流行的史诗，被专家们称为伊纳邦扎（inabanzas，意思是“记忆之人”）的人以一系列自由形式的叙事情节吟诵而成。这些情节的顺序被标记在一种叫作卢卡斯（lukasas）的助记装置上。卢卡斯是一种“记忆板”，上面镶嵌着珠子和贝壳，由班布迪（bambudye）秘密协会的成员持有。

根据著名的伊纳邦扎——卡巴塔（Kabata，1860—1950）讲述的卢巴传说的主要故事情节大致是这样的：

> 当卢巴人的土地第一次有人居住时，出现了一个残忍的红皮肤国王，他的名字叫恩孔戈洛（Nkongolo，意为点燃的“彩虹”）。恩孔戈洛乱伦，不育，大嗓门，嗜酒。姆比迪·基卢韦（Mbidi Kiluwe）是一位来自东方，皮肤黝黑，有教养的英俊猎人，他跨过洛马尼河（Lomani）进入恩孔戈洛的领地，并在那里迎娶了国王的两个妹妹。姆比迪·基卢韦与国王两个妹

> 妹的其中之一——布兰达（Bulanda）有一个儿子，名叫卡拉拉·伊伦加（Kalala Ilunga），他在舅舅恩孔戈洛的村子里长大。有一天，舅舅和外甥之间发生了冲突，恩孔戈洛决定杀死卡拉拉·伊伦加。但后者逃回河对岸的东方，并在那里召集了一支军队。回国后，卡拉拉·伊伦加推翻并处决了他专横的舅舅，在卢巴中心地带——卢巴山卡迪（Luba Shankadi）建立了神圣的王权和皇家王朝。

随着时间的推移，学者们对这一现象以及中非稀树草原林地王国类似传说的解释已经发生了变化。早期的历史读物倾向于认为，它们——没有完整的文字呈现——保留了真实历史事件的核心，有些甚至试图为移民、政治暴力和国家建构的故事提供大致的日期。但人类学家认为，这些故事不是历史，而是神话，是关于永恒、“结构”上对立的宇宙学的推测。因此，恩孔戈洛可以被看作是前王朝秩序中威胁生命的混乱的化身，而姆比迪·基卢韦和卡拉拉·伊伦加代表生育和“文化”。到20世纪90年代，历史学家已经完善了他们的分析，反驳说口头传说是对当时（即口头传说产生的那个时代）统治政治合法化的一种论述，它们是政治斗争的胜利者而不是失败者发表的意识形态声明。

那么有中间立场吗？约翰·尤德（John Yoder）认为可能有中间立场，他是一本关于坎约克民族（Kanyok）著作的作者，坎约克是一个受卢巴王国不断扩张的政治文化影响的民族。他认为，卢巴传说的起源既不是对实际事件的编年史，也不只是对当代权力的反映，而是对历史变化意义的评论。它可能不是西方传统意义上理解的“历史”，但它是那些自称卢巴人的人所理解的历史。有两件事是肯定的：一是在刚果南部讲卢巴语的地区，恩孔戈洛和卡拉拉·伊伦加的流行史诗将继续被讲述；二是学者之间的争论还将继续。

拥抱“他者”：历史和其他学科

承认缺乏书面资料可能是令人痛苦的，但它对非洲历史研究的发展方式具有巨大的重要性。它从一开始就激励着非洲的历史学家变得善于与其他学科打交道。自 1960 年成立以来，该领域的先驱期刊《非洲历史杂志》（*Journal of African History*）刊载了关于语言学、体质人类学以及最重要的考古学的文章。这种开放是激进的，但它也反映了一个事实，即人们对非洲大陆的历史知之甚少。因此，这一阶段的大量研究致力于回答一些非常基本的问题，如历史分期和历史地理。这是一项艰巨的任务，因为非洲的人类历史具有深厚的时间深度和广泛的多样性，而且需要有记录其深广历史的坚定野心。由于这些原因，从狩猎和采集到定居农业的转变（“粮食生产革命”）和铁器加工的传播（欧洲历史学家认为这一过程属于“史前”范畴）被认为是新非洲历史。

然而，也许最重要和最持久的跨学科关系是与社会人类学的关系。就像许多亲密关系一样，这源于早期的相互猜疑，有时甚至近乎敌意。历史学家满足于从殖民时期的民族志中挖掘数据。但许多人对“民族志叙述”（ethnographic present）中所隐含的部落群体的永恒性和自成体系的特质心存疑虑。反过来，一些人类学家对历史学家的野心持怀疑态度；另一些人则对后者以牺牲亲属关系和文化为代价，强调国家建设的倾向感到困惑。但随着这两门学科的发展，它们开始互相融合。正如新的非洲历史第一次在反殖民民族主义的氛围中蓬勃发展一样，人类学也随着时代的变迁而发生了变化，进入了一个自我反省的时期，并开始批判自己作为一门“殖民科学”的起源。近年来，随着越来越多的人类学家开始将他们的工作与时间维度相结合（许多人现在将“田野调查”与档案研究结合起来），历史学家则开始研究一系列迄今为止原本由人类学家涉足的领域（比如宗教和信仰）。

并不是对其他学科的所有探索都是如此有益的，对历史语言学的掌握就花费了大量的精力。一些语言学家声称，可以用多种技术来确定非洲语言传播的年代。如果把语言与文化联系在一起，人们是否能够用历史语言学来展示人类的物理迁移运动？这里的工作重点是试图了解所谓班图语的特殊分布，大约 600 种相关语言几乎遍布整个非洲大陆南部。历史学家将语言学、考古学研究（尤其是陶艺风格和制铁技术）和口头传说（如卢巴史诗中的移民故事）结合起来，发展出一种被称为“班图扩张”的模式：使用铁器的农学家从西北“穿越”赤道森林，不断地大规模迁移，其人口压倒了原始狩猎采集者的人口。

这种推理与物理迁移运动作为文化变迁吸引力的解释恰好吻合。在物理迁移运动这一点上，非洲没有什么特别的：历史学家在更早的时候就在忙于从事把凯尔特人（Celts）从中欧拽到法国，把不列颠群岛和“雅利安人”（Aryans）拽到印度的研究。现在，我们对文化传播的理解变得更加微妙了。尽管大量证据表明了语言、文化和技术在非洲及其他地方的传播，但“班图扩张”模式被揭示得过于简单。与其说强调人口的突然大规模流动，不如说在 2000 年的时间里可能经历的兴衰，思想的转变和人口的迁移同样重要。我们对早期非洲的错误认识，虽然没有造成持久的影响，但它消耗了大量的精力，尤其因为语言数据和技术是复杂的，掌握它们是费时的。

考古学被证明是一个更有价值的学科，虽然有时引用它的材料会有些棘手。在其他大陆，考古学已经提供了大量关于人类社会在书面记录出现之前的证据。考古学家记录了古地中海、近东、新石器时代的欧洲和哥伦布发现美洲之前的大部分历史。正如《国家地理》（*National Geographic*）杂志中的几页内容所示，20 世纪后期的考古学仍然很浪漫；但它现在是一门以科学为基础的学科，这门学科对非洲的历史学家很有吸引力，因为非洲历史学家单薄的纪实记录几乎没有提供时间线索。地层学的古老传统（通过挖掘定居点揭示的“时间层”的记录），加上放射性碳年代测定和树轮年代测定的新技术，为人类遗骸、定居点和人工材料制品的年代测定提供了令人兴奋的机会——我们用地层学所得到的数据构建了长期变化的叙事。

在勾画非洲悠久历史的轮廓方面，考古学已经取得了许多成就。然而，考古学家所能找到的答案仍然常常让历史学家失望。非洲大陆的大片地区，特别是赤道森林地带，几乎没有被勘测过，更不用说进行大规模的挖掘了。没有进行大规模挖掘的原因很简单，因为很难找到具有潜在重要性的挖掘地点。许多地区历史上人口稀少，这就注定了人口大量集中的城市是相对罕见的，那些用经久耐用的材料建造的城镇则更为罕见。几个世纪以来，就连萨赫勒的詹纳、廷巴克图和加奥（Gao）等城市的“古老”泥造清真寺也一再被重建。除了极少数（特别是著名的“大津巴布韦”遗迹和斯瓦希里海岸的“石头城镇”），非洲定居点大多是用现成的木材或泥土建造的。使用这些材料是省力的，但它们在极端情况下是可生物降解的；沙漠沙尘暴的侵蚀性、暴雨和白蚁的破坏性活动是建筑的天敌。热带非洲以没有“废墟”而闻名，由消亡的城市和隐藏的宝藏带来的有关经济发展的论述并不适用于此，因此热带非洲对研究者而言缺乏魅力。

正如我们已经看到的关于古詹纳的情况，考古学家不一定需要大量的地面上的遗迹才能对过去的模式做出惊人的发现。但是，即使是现代化的年代测定技术，仍然具有生硬的工具性，而且数据必须被仔细地语境化，以避免产生对既定年代具有潜在革命性影响的推测性说法。例如，尼日尔特米特（Termit）地区的发现表明，在计算放射性碳日期几十年后，关于当地拥有的具有自主创新性的炼铁技术仍存在激烈的争议。简而言之，非洲考古学面临巨大的技术和后勤限制。其中一些限制是政治不稳定的结果，另一些限制是实地调查的费用太高。这两大限制都对非洲大学中为数不多的几个活跃的考古学系产生了特别有害的影响。

苏珊·基奇·麦金托什（Susan Keech McIntosh）认为，当务之急必须是“在非洲考古历史的一部分信息被发展、农业或掠夺破坏殆尽之前，尽快恢复这些信息”。

尽管考古学有其局限性，但它一直是非洲艺术史研究的关键。艺术史作为一门学科，与历史是截然不同的，尽管二者有着密切的联系。历史学家主要研究文字，无论是书面的还是口头的，而艺术史学家研究形式和图像。然而，形式和形象具有重大的历史意义。亨利·约翰·德莱瓦尔（Henry John Drewal）写道：“思想和双手的创造植根于特定的历史和社会背景”，它们是“时代的标志和思想的形态”。但是形式是如何变成“艺术”的呢？就像人类文化的其他所有方面（如“宗教”）一样，学者们需要小心，不要把西方的概念强加于非洲的现实。有些非洲语言没有专门的词来表示“艺术”。其他的，如约鲁巴，其中的术语“奥纳”（ona）包含了广泛的唤起物质转换之意，旨在感动和启发民众。最近，学者们开始挑战“艺术”一词独有的（有时以欧洲为中心的）内涵，将其重新定义为“视觉文化”，从而将其范围扩大到电影、电视、摄影、服装和身体装饰等流行形式。

虽然早在 15 世纪 70 年代，来自西非的雕塑就开始进入欧洲，但在殖民征服之后，“非洲艺术”的意识才在西方发展起来。1897 年，英国军队从贝宁（现在位于尼日利亚境内）掠夺了一批文物。这批文物中的许多物件，进入了欧洲各地的博物馆，成为收藏品，尤其是大部分由黄铜制成的著名的“贝宁青铜器”。它们引人注目的外表引发了专门为收藏艺术品而进行的探险活动，比如人类学家埃米尔·托蒂（Emil Torday）代表大英博物馆（British

Museum）于1907年至1909年前往刚果南部的库巴王国（Kuba kingdom）。另一个关键时刻是在1905年前后，毕加索和其他巴黎前卫艺术家在西非和中非发现了雕塑。正如非洲音乐改变了20世纪的流行音乐一样，非洲造型艺术的输出也为现代艺术形式观念的革命做出了贡献。非洲当地对自然主义的漠视令现代主义艺术家和思想家感到兴奋，就如同听到艾灵顿公爵创作的狂野之声一样，他们自由、松散地借鉴了他们所认为的非洲文化富有活力和自由的“原始主义”。

然而，对信奉“原始艺术”的欧洲人来说，重要的是形式，而不是功能或背景，更不用说历史了。在整个殖民时期及殖民后时期，非洲艺术品流入西方博物馆或成为私人收藏，但这些艺术品很少有注明日期的，更少的艺术品被认为是出自个别艺术家之手，甚至是出自特定的作坊。相反，它们是按照典型的部落风格排序的，例如“卢巴凳子”“多贡面具”“库巴雕像”“哥塔祖先雕像”等。这种种族归属常常像“部落”这个概念本身一样，过于简单且具有误导性。这阻碍了非洲艺术史的出现，无论是就其本身而言，还是对可能帮助历史学家重建随时空变化的文化结构方式而言。

历史与非洲艺术史的接触仍处于起步阶段，但潜力巨大。现在，许多艺术史学家把他们工作中的“历史”部分视为“艺术”，而更多的历史学家将艺术看作是更广泛的变革模式的反映，甚至是其不可或缺的组成部分。艺术品不是“文本”。但是，经过谨慎的语境化，两者都能产生意义与表征。渐渐地，学者们开始用非洲本土的审美观念取代西方的审美，用更流动的区域性“传统流”（streams of tradition）表达取代永恒不变的肖像式的部落形象，用更广泛、更包容的视觉文化取代对“美术”的狭隘关注。人们对造型艺术和表演艺术之间的密切关系也有了越来越多的了解，最明显的是在西非和中非，面具和假面舞会之间的关系。这些发展不仅在学术著作中，而且在非洲艺术的主要展览中都变得越来越明显，如 1995 年在伦敦举行的“非洲大陆艺术回顾展”（Africa: The Art of a Continent）和 2005 年的“非洲混音：非洲大陆当代艺术”（Africa Remix: Contemporary Art of a Continent）。

图 14　艺术与历史记忆。该图描绘的是库巴国王柯特·佩普（Kot aPe，1902—1916 年在位）宫廷的一位官员手中拿着一尊 18 世纪的米沙佩利延斯（MishaaPelyeeng aNce）国王的雕像（ndop），现在藏于大英博物馆。这是埃米尔·托伊或 M. W. 希尔顿 – 辛普森（M. W. Hilton-Simpson）1909 年在库巴首都恩盛（Nsheng，现刚果民主共和国境内）拍摄的照片

书面文献来源：第2部分

所有这些方法上的创新和跨学科的折中主义丰富了非洲历史领域。然而，归根结底，书面文献来源对恢复该大陆的过往和对世界任何其他地区的过往一样重要。证据的可用性和性质决定了哪些历史是可以写的，哪些是不能写的。因此，从战后非洲现代史的先驱们第一次涉足档案以来，总的来说，书面文献的数量和范围已经显著增加，这一点很重要。随着原始文献数量的增加，人们对它的态度也发生了转变。

外界对这些记录的重新评估，尽管凸显了它们的缺陷，却也凸显了它们的价值。现代评论已将用欧洲语言和阿拉伯语写成的旅行文学中的一些文本定义为其他著作的汇编。但它也表明，其中仍有许多独特的、亲眼所见的记述，这些记述出自那些在非洲生活过很长时间的人之手，他们对当地的文化、政治，有时甚至是过去发生的事件都有真知灼见。同样，曾被许多人视为文化帝国主义者和殖民征服推动者的传教士的记述，现在被视为对宗教皈依和文化变革复杂过程的重要洞见。此外，还有奴隶贸易遗留下来的文件。最具讽刺意味的是，最近建立的跨大西洋奴隶航行数据库（见第四章）中收录了大量关于非洲人的文章，而且这些文章可能是最有价值的。

在前帝国主义国家和非洲国家的国家档案馆内，几乎所有殖民统治时代的官方记录，现在都开放供查阅。这些消息来源也被认为没有想象中那么偏颇和被种族傲慢所破坏：相比单调的帝国霸权主义，更多的是不和谐的声音。这些声音中有许多是非洲人的声音，是那些使自己适应殖民统治的人的声音，也有与殖民统治做斗争的人的声音，包括一些妇女的声音、穷人的声音，甚至是奴隶的声音。广受欢迎的“非洲之声”经常生动地出现在大量的法庭记录中——长期以来，法庭记录被认为是世界各地社会历史学家的重要资源。这些法庭记录包括由非洲土著法学家实践的所谓“土著法庭”的诉讼程序，如 1880 年至 1960 年桑给巴尔法庭实施的程序（阿拉伯语）。

批判性地运用想象力文学还可以缓解非洲传记

和自传相对匮乏的状况，帮助充实许多资料中原本单一、平面化的男性和女性形象。例如，尼日利亚诺贝尔奖获得者沃莱·索因卡（Wole Soyinka）的三部曲《阿克》（*Ake*，1981）、《伊萨拉》（*Isara*，1990）和《伊巴丹》（*Ibadan*，1994），在家族文献、作者和其他人的个人回忆，以及诗意的想象力和戏剧性的动感画面基础上，为我们提供了一部动荡的殖民时期和后殖民时期无与伦比的家族史。

没有比南非小说家彼得·阿布拉罕斯（Peter Abrahams）的《为乌多莫（Udomo）献花圈》（1956）能更好地描述20世纪中叶伦敦年轻的非洲民族主义者的艰苦生活，这些人最终领导自己的国家走向了独立。文学和造型艺术一样，既是历史变迁的反映，又是历史变迁的组成部分。

从消极的方面看，许多非洲档案都处于糟糕的状态。尽管在20世纪60年代，历史被视为国家建设的重要方面，但现在，无论是值得称赞的还是自私自利的政治家和公务员，往往把历史看作是一种不必要的奢侈品。保存旧文件、信件、报纸、地图、照片、新闻胶片等，费用昂贵，而且常常被忽视，使得许多收藏品只能任由热带气候和昆虫种群破坏。此外，在某些国家，新国家文件的加入和编目工作也停滞不前，导致它们的档案基本上仍然只是殖民统治的记录。如果这些档案文献被当地几代历史学家使用，它们可能会得到更有力的保护。但在20世纪70年代以来的经济衰退和政治动荡时期，许多非洲的大学也遭遇了财政上的困难。在最严重的国家坍塌和基础设施崩溃的情况下，过去的大量记录仍然存在消亡的危险。

但如果以这种方式结束，那就太悲观了。当然，在20世纪扫盲范围扩大之前，我们经常被阻止接触个别男女的经验以及如何理解这些经验。缺乏证据继续使历史学家倾向于本质主义，以及对大量人的思想和感情进行概括。然而，许多文献集仍然未得到充分利用，而其他文献则继续被发现。例如，北非和土耳其的档案中有大量关于撒哈拉以南的非洲被忽视的资料，而廷巴克图的艾哈迈德·巴巴历史文献和研究中心（Ahmad Baba Historical Documentation and Research Centre，建于1973年）现在有大约20 000本当地撰写的阿拉伯语文献，这些文献重申了这座位于撒哈拉边缘的古城作为学术和学习中心的作用。在非洲进行历史研究是一项真正的挑战，但是来自非洲大陆和其他地区的新一代学生还在继续发掘这样的新资料，并重新阅读旧资料，追忆过去。

| 第四章 |

世界上的非洲

04

我们这一章的重点，从历史学家使用的史料来源和方法转移到了他们提出的一些历史问题。本章还从非洲历史的特殊性转向了它与世界历史更广泛的接触。非洲的历史如何与世界其他地区的历史相适应？非洲过去的进程主要是由非洲大陆内部的力量决定的，还是由来自非洲海岸以外的力量决定的？非洲人民在多大程度上能够塑造自己的命运？

这些问题在今天仍然像50年前开始对非洲历史进行学术研究时一样棘手。的确，在这个全球化加速发展的时代，它们可能比以往任何时候都更加紧迫。对非洲的先驱历史学家来说，他们的任务是打破欧洲人的神话，即非洲大陆是一个一成不变的、与世隔绝的世界，与人类进步的主流隔绝。这项任务取得的进展是不容否认的。然而，在21世纪初，许多西方国家（以及“东方”国家）再次认为非洲在世界事务中处于边缘地位——而且这种情况正变得越来越严重。随着旧第三世界的其他地区，尤其是中国和印度这两个正在崛起的经济大国登上全球舞台，非洲似乎被抛在了后面。深陷贫困、债务、腐败和冲突的非洲大陆仍然被认为是“特殊的”，超出了人们的想象。

如何在地方历史的无限变化和更广泛、客观的变化力量之间取得平衡，一直是世界各地历史学家面临的问题。但是，它需要克服过去陈旧的种族神话，同时抓住非洲历史经验的独特性，这使得非洲主义者特别关注这个问题。强调非洲历史的自治，其危险之处在于强调非洲大陆本质上的差异和孤立的旧观念。但是，强调非洲与外部世界的相互联系，往往会将其独特的历史淹没在由“西方崛起”主导的单边进程中。这一问题因为对西方历史学科“挪用”（appropriation）本土知识形式和表现形式的日益焦虑，而变得更加复杂。那么，学术史以其证据规则和对“普遍真理”的渴望，用自己的术语和逻辑来代表非洲的过去，是否合适呢？

即使在西方没有主导历史叙述的地方，非洲在世界历史上的作用充其量也是微弱的。C. A. 贝利（C. A. Bayly）的《现代世界的诞生》（*The Birth of The Modern World*，2004）就是一个很好的例子。南亚历史学家贝利通过将“现代性”的进程从西方重新定位到一个更广泛、相互关联的世界，来挑战既定的以欧洲为中心进行叙述的“现代性”，这让我们再一次看到一个当代问题——“全球化”是如何促使历史学家重新思考过去的。但是，撒哈拉以南的非洲地区只有在缺席的情况下才引人注目，在开创性的工作中，它仍然处于历史的边缘。

地方和全球并不相互排斥。最近很多关于非洲的文章都在集中探索两者之间的相互作用，探讨它们碰撞的模糊“阈限”（liminal）区域，以及由此产生的独特的新文化形式。可以说，这些形式就像曾经只与西方进步联系在一起的现代性一样现代。现代性也不一定被视为一件好事。

法国著名非洲主义学者让－弗朗索瓦·巴亚特（Jean-François Bayart）认为，未来的国家缔造者在巩固对非洲人民的权力方面所面临的历史性困难，导致他们追求他所说的“外向”（extraversion）战略，即“从他们的外部环境关系（可能是不平等的关系）中调动资源”。这种策略最显著的例子是，一些非洲统治者在海外奴隶贸易中扮演的重要角色，尽管作为一名政治科学家，巴亚特更关心的是非洲大陆当代政治领导层的腐败。

内部与外部，地方与全球，特殊与普遍——这些本身只是组织和思考历史证据的框架。只在偶然情况下，证据的积累才会迫使思维方式发生根本性的转变。我们在古詹纳考古发现中看到了这样一个转变，它在向历史学家指出城市主义和西非苏丹地区“复杂社会”崛起的内部因素，而不是外部因素方面发挥了重要作用。在这一章中，我们通过观察非洲大陆历史上的四个主题来进一步思考非洲和世界之间的联系，这四个主题是伊斯兰教和基督教的影响、奴隶贸易、非洲移民和19世纪的动荡变革。

刚果人圣安东尼：世界宗教与非洲

1706年7月2日，在刚果王国的埃乌鲁卢（Evululu，位于现在的安哥拉北部），多纳·比阿特丽斯·金帕·维塔女士（Dona Beatriz Kimpa Vita）被烧死在火刑柱上。22岁的比阿特丽斯被指控的罪行是异端邪说和巫术。两年前，她宣布自己被圣安东尼附身，并在17世纪60年代英国陷入内战后，开始了一场旨在统一刚果王国的大众宗教运动。在意大利圣方济教会（Capuchin）传教士记录的一场运动中，比阿特丽斯鼓吹对基督教历史进行彻底的重新解读，声称耶稣、马利亚和圣方济（St. Francis）—— 圣方济教会的守护神，实际上都是刚果人。1624年，她将基督教的教义问答翻译成基孔果语（Kikongo language），改变了《对圣母马利亚的祈祷》中的中心文字 ——“萨尔韦·里贾纳（Salve Regina）”的表述，使这个词成为“萨尔韦·安东尼亚诺（Salve Antoniana）”。在其鼎盛时期，比阿特丽斯的运动控制了刚果的旧首都圣萨尔瓦多，但不久之后，她落入交战的王室派系之手。在她被处决之后，政治暴力并未停止，许多安东尼人遭受着与无数刚果农民同样的命运：被军阀在大西洋奴隶贸易中买卖。

我们很快又谈到了奴隶贸易。首先，让我们把比阿特丽斯·金帕·维塔的悲剧看作是基督教历史上的一个插曲。对那些将基督教传入非洲与维多利亚时代的传教士（如大卫·利文斯敦）联系在一起的人来说，17 世纪非洲天主教的存在似乎令人惊讶。然而，刚果的天主教可以追溯到 1491 年，当时葡萄牙水手向这个王国输送了第一批牧师，恩津加·恩库乌（Nzinga a Nkuwu）受洗成为该国首位基督教教主若昂一世（Joao I）。在若昂的儿子阿方索一世（Afonso I，1509 — 1543）的统治下，天主教成为官方的国家宗教，由国王动员起来对抗那些掌握着金多基（kindoki）—— 土著宗教权力的对手。它也开始从贵族向普通人传播，在那里，它与金多基的元素融合，在比阿特丽斯同时代甚至之前创造了“民间天主教”。因此，圣安东尼对比阿特丽斯的占有必须从她作为“精神媒介”的角色来看，而许多人希望洗礼是为了保护她免受恩多基（ndoki）——“巫师”（她自己也被指控为巫师）的伤害。

欧洲人在奴隶贸易时期试图在大西洋非洲移植基督教，刚果是历史上罕见的成功例子。然而，刚果教徒重新解释和想象天主教的方式是典型的将基督教和伊斯兰教融入当地非洲文化的方式，而且确实是挪用当地精神资源的方式。对这两种所谓的世界宗教来说，这一挪用过程，或者“非洲化”的过程，几乎从一开始就在进行。它一直持续到今天，是非洲社会和思想史上最具活力的发展之一。

图 15 刚果的基督教。一位圣方济教会的传教士在刚果王国的索约省（Soyo，现在的安哥拉）举行弥撒。来自都灵市民图书馆 1747 年的手稿《在普拉蒂卡的传教》（*Padri cappuccino ne Regni di Congo, Angola etadiacenti*）中贝纳迪诺·伊格纳齐奥（Bernadino Ignazio）的水彩画，他是 1743 至 1747 年索约的一位传教士

非洲与世界宗教交往的历史深度和复杂性不容低估。北非是早期基督教的重要中心，基督教首先传到埃及，然后传到罗马非洲的其他地方。从公元4世纪起，埃及科普特教会（从君士坦丁堡的东正教分离出来）也向南派遣传教士到埃塞俄比亚的阿克萨姆和努比亚。正是在埃塞俄比亚，这种信仰最牢固地扎根于当地社会，具有高度独特的形式，其中包括古代犹太教的元素。政治合法性取决于《圣经》中所罗门国王的血统，这一主张被庄严地记载在《国王的荣耀》一书中。信仰基督教的勇猛国王与同样意志坚强的修道院圣人结盟，在整个高地推进信仰的边界，保卫他们的新锡安[1]（Zion），同时抵御异教和穆斯林敌人。当基督教在北非和努比亚屈服于伊斯兰教的扩张时，埃塞俄比亚的教会存活到了现代。

伊斯兰教在穿越撒哈拉和东非海岸到达马格里布的过程中，也采取了本地化的形式。这并不意味着它被现有的信仰体系所吸收，从而在根本

1　在《圣经》中是所罗门王圣殿所坐落的山，位于圣城耶路撒冷。

上被“淡化”。正如非洲穆斯林社会的著名历史学家大卫·罗宾逊（David Robinson）所指出的，“非洲化”，或者更准确地说柏柏尔化（Berberization）、斯瓦希里化（Swahilization）、曼丁卡化（Mandinkaization）等并不意味着创造了一个本质化的“非洲伊斯兰教”，即法国殖民想象中的“黑色伊斯兰教”（Islam noir）。与基督教一样，非洲的伊斯兰教也以多种形式表达，从异端的苏非教派（Sufism）到最正统的改革运动。阿尔莫拉维德（Almoravids）就是后者早期的一个显著例子，它是一次激进的柏柏尔运动，在11世纪席卷了西撒哈拉，旨在“净化”信仰。他们在摩洛哥和西班牙建立了一个统治着马拉喀什的新王朝。他们是后来西非圣战运动的先驱，这场运动试图创建一个清除了残留“异教”影响的伊斯兰国家。

与北非形成鲜明对比的是，伊斯兰教在比拉德–苏丹地区的发展并不主要源于政治征服或当地文化的阿拉伯化。几个世纪以来，在异教占主导地位的土地上，基督教一直是少数民族的信仰。即使在统治精英皈依伊斯兰教的国家，如中世纪的马里或桑海，当地信徒也常常寻求与既定的生活方式相适应，而不是推翻它们。但与此同时，它们也成为更宏大事物的一部分：穆斯林空间、穆斯林时间和以《古兰经》为中心的穆斯林文化。就像埃塞俄比亚国王对所罗门世系的宣称，以及比阿特丽斯对耶稣是刚果人的宣称一样，许多人试图通过发明追溯先知或其同伴的家谱，在历史上稳固自己的信仰。这种依恋带来了巴拉卡（baraka，意为“祝福”）。它还赋予了更广泛的认同感，超越了当地社区，并且到了20世纪，出现了复杂的“非洲”概念。

这些问题——皈依、伊斯兰教和基督教的“非洲化”、新形式的宗教知识和新身份的创造、嵌入“巫术”等思想的世界观，近年来出现在许多前沿的历史研究中。以前，非洲的宗教主要留给人类学家（就土著信仰而言）或宗教研究部门（就世界宗教而言）讨论。然而，整个20世纪，基督教和伊斯兰教在非洲大陆的巨大扩张，加上两者都采取了不同的地方化形式，意味着宗教遭遇的主题是历史学家不能再忽视的。非洲绝大多数人口现在自称是穆斯林或基督徒，两者的总数大致相等。从21世纪的角度来看，宗教信仰可能是非洲与世界之间最受关注的历史接触。

尽管如此，许多关于非洲宗教变革的最重要的问题却是被人类学家提出来的。例如，怀亚特·麦加菲（Wyatt MacGaffey）在将基督教与刚果的相遇延续到20世纪的过程中发挥了重要作用，他追溯了一些现代运动的兴起，比如受20世纪20年代福音传人西蒙·金班古（Simon Kimbangu）启发而兴起的运动。金班古是先知比阿特丽斯·金帕·维塔的继承人。宗教信仰和宗教实践的动态，包括过去人们如何看待这个世界，以及他们在其中的位置，是很难重建的，而且往往是有争议的，重要的争议围绕着非洲人对基督教传教的反应而展开。在《启示与革命》（*Of Revelation and Revolution*）一书中，人类学家吉恩·科马罗夫（Jean Comaroff）和约翰·科马罗夫（John Comaroff）对19世纪茨瓦纳人（现博茨瓦纳和南非）的欧洲传教活动进行了研究，他们认为，传福音只不过是“意识的殖民化”。简而言之，基督教是强加于皈依者的欧洲霸权世界观的关键因素。

其他人则有不同看法。其中一位是人类学家J. D. Y. 皮尔（J. D. Y. Peel），他的工作重点是约鲁巴基督教研究。在《宗教遭遇》和《约鲁巴》的创作中，皮尔认为基督教的皈依不是意识的殖民化，而是一种当地人积极接受的过程。他证明，约鲁巴的基督徒努力使这种信仰成为他们自己的信仰，将其融入当地的进步叙事中，并以此重塑“约鲁巴”本身的意义和内容。这种解释上的差异可以在某种程度上解释为茨瓦纳人与约鲁巴人历史经验的对比。这些不同的看法，也可能是由于可用史料来源的属性导致的。两位科马罗夫在很大程度上依赖欧洲传教士的著作，而皮尔则大量使用约鲁巴福音传道者的日记。但它也反映了更根本的争议，即非洲机构在多大程度上建立了塑造现代世界历史的跨国网络。

死亡之路：非洲历史上的奴隶贸易

在大西洋奴隶贸易问题上，这种争议表现得更明显和激烈，原因不难理解。在14世纪40年代，葡萄牙水手开始绑架并购买非洲人，到1867年，也就是最后一次有记录的美洲奴隶之旅的那一年，大约1200万名男性、女性和儿童被当作商品从非洲大陆出口。这一简单的统计数据反映了由反奴隶贸易活动人士口中“令人憎恶的商业”所引发的暴力、破坏和堕落。它不包括非洲境内因奴隶袭击、战争和社会崩溃而丧失的无数生命，不包括那些在上船前死于疾病或虐待的俘虏，也不包括那些被奴役但不出口的人，因为大西洋贸易促进了非洲社会奴隶制的扩张和加剧。这还不包括那些在美国奴隶制度的熔炉中出生然后死去的非洲人。约瑟夫·米勒用一句话描述了这段苦难的系统化历史，他写道：安哥拉的奴隶贸易成了一条“死亡之路”。此外，大西洋贸易并不是非洲唯一的奴隶贸易。到公元第一个千年末期，俘虏也被带过撒哈拉沙漠，越过红海，从东非海岸，被送到北非、地中海、中东和印度洋做苦役。这类贸易大部分都掌握在穆斯林手中。与大西洋贸易相比，人们对“穆斯林”奴隶贸易的了解要少得多，而且统计数据的稀缺性意味着奴隶的总数只能靠猜测。然而，历史学家估计，在超过1000年的时间里，这些交易的受害者人数可能相似：可能还有1200万非洲人。“穆斯林”贸易与大西洋贸易的重大不同之处在于：大西洋贸易的受害者绝大多数被迫从事美洲种植园和矿场的生产劳动，“穆斯林”贸易的受害者注定要遭受某种形式的家庭奴役，包括被纳为妾室。因此，被运到大西洋彼岸的非洲男子是妇女的两倍，而据估计，被运到伊斯兰世界的妇女是男子的两倍。

当20世纪60年代开始对大西洋奴隶贸易进行协调一致的研究时，首要任务就是把数据弄清楚。人们有时仍然会读到一些夸张的数字，比如2000万甚至5000万非洲人走过了所谓的“中间通道”。这些都不利于数十年来艰苦的调查，也不利于那些确实成为奴隶贩子受害者的人的记忆。1999年，具有里程碑意义的出版物《跨大西洋奴隶贸易：CD-ROM数据库》（*The Trans-Atlantic Slave Trade: A Database on CD-ROM*）确认了奴隶贸易的总体规模。该数据库详细记录了1527到1867年，逾2.7万次从非洲到新大陆的奴隶贸易。对中间通道本身的研究还在继续——例如，在1699至1845年间记录的55次以上的船上叛乱，其中在阿米斯塔德号（*Amistad*）上的叛乱是最著名的。但是，非洲的历史学家现在正把他们的注意力转向非洲大陆内部的奴役边疆。正在进行中的尼日利亚腹地项目（Nigerian Hinterland Project）是联合国教科文组织赞助的“奴隶之路”项目的一部分，该项目试图追踪数百万俘虏的起源，这些俘虏在几个世纪里从大草原深处的巨大集水区，到达所谓的“奴隶之路”的出发港，即所谓的“奴隶海岸”（Slave Coast，位于现在的多哥和贝宁）和尼日利亚。

事实证明，评估海外奴隶贸易在非洲历史上的作用是极其复杂的。首先，它的大小在空间和时间上有很大的变化。大西洋贸易在其运作的四个世纪中，对西非海岸的不同地区——从塞内加尔到安哥拉——产生了不同程度的影响。到了19世纪，它还延伸到了莫桑比克的好望角，与印度洋贸易的扩张重叠。人口流失对社会的长期影响是什么？它应该在多大程度上对非洲现代的“不发达”负责？其次是海外贸易与非洲奴隶制度之间的关系问题。来自海外的需求是否利用了现有的奴隶制度？或者，非洲的奴隶制是由海外需求造成的——或者至少是由海外需求转变和加剧的？最后，奴隶贸易在哪些方面重塑了地区政治格局？非洲人自己在大西洋贸易的形成中扮演了什么角色？

图 16　1850 年 3 月 16 日，在维达（今贝宁）的葡萄牙要塞外，绑在一起的一队奴隶（原文 coffle，来自阿拉伯语的 kafila，指穿越沙漠的旅行队），来自 F. E. 福布斯（F. E. Forbes）的《达荷美和达荷美人》（*Dahomey and the Dahomans*，伦敦，1851）

这些只是一些更重要的研究方向。这里甚至没有足够篇幅来总结各种可能的答案，所以让我们退一步，在我们的主题——世界历史上的非洲这一背景下来思考它们。所有这些问题在某种程度上都涉及在非洲的内外部、非洲机构和全球力量影响之间“取得适当平衡”的问题。奴隶贸易是野蛮和剥削的，是一种危害人类罪。但是，通过强调这些特征，其趋势是将非洲和非洲人简单地描绘成被动的受害者。在一部重要的修订著作——《在建设大西洋世界中的非洲和非洲人》（*Africa and Africans in the Making of the Atlantic World*）中，约翰·桑顿（John Thornton）认为，在奴隶贸易时代，非洲人不仅仅是受害者，而且在大西洋的权力平衡中占据了很大的份额，控制着西非沿海的贸易条件并主导了奴隶交易。

这一观点一直存在争议。不是因为非洲人出卖其他非洲人的问题：毫无疑问，少数欧洲人除外，尤其是安哥拉的葡萄牙人，大部分欧洲人在整个奴隶贸易历史上都被限制在沿海地区，只能从强大的非洲中间人手中购买奴隶。的确，奴隶的证词显示，当俘虏们沿着复杂的商业网络向沿海港口阴森的梭子笼和地牢移动时，他们通常会经过多个主人之手。在这里，我们可以看到巴亚特“外向性”概念最鲜明的历史例子：强大的非洲国家和个人通过剥削周围较弱的民族，与外部力量建立经济联系。然而，问题是，通过强调非洲机构，很容易忽视一个事实，即参与建立大西洋世界的大多数非洲人都是受害者。

此外，非洲的“外向性”可能被夸大了。历史学家之所以对奴隶贸易感兴趣，是因为它的恐怖、它的道德含义、它在构建一个相互关联的现代世界中的重要性，而且必须指出，因为记录奴隶贸易活动的书面资料相对丰富。它有充分的理由被描述为非洲的“大屠杀”，就像 20 世纪 30 年代至 40 年代的纳粹大屠杀一样，在人们对过去的普遍看法中占据着突出的位置。但是，就像纳粹一样，有一种观点认为，它可能被给予了过多的重视。在某些时候的某些地区，对奴隶的掠夺给当地社区带来了毁灭性的影响。在其他地方，它是国家缔造者和军阀积累政治和经济权力的重要因素。但重要的是，不应该掩盖其他历史进程——包括“当地的”与“本地的”——它们继续塑造着整个非洲大陆的生活节奏。

穆罕默德·加尔多·巴夸夸之旅：非洲及其移民裔群

1854年，一本题为《有趣的故事：非洲内陆土著祖古人穆罕默德·加尔多·巴夸夸传记》（*An Interesting Narrative. Biography of Mahommah G. Baquaqua, A Native of Zoogoo, in the Interior of Africa*）的小册子在美国密歇根州底特律市出版。这本小册子的一部分内容是废奴主义，另一部分内容是传教士的宣传，它是美国内战前出现的许多关于昔日奴隶的故事之一。然而，其他的故事都与在美国出生的奴隶有关。此外，还有一些关于非洲境内“重演”经历的故事，它指的是来自非洲的奴隶从被英国海军巡逻队拦截的船只中解放出来，重新定居在非洲的塞拉利昂、利比里亚和其他地方。但是，巴夸夸的故事是少数几个真正经历过中间通道的非洲人的故事之一。最著名的是1789年在伦敦出版的《奥劳达·伊基阿诺》（*Olaudah Equiano*），尽管最近的研究对伊基阿诺在非洲出生的真实性提出了严重的质疑。此外，巴夸夸的传记是独一无二的，因为它是已知的唯一一部讲述非洲奴隶在巴西被奴役的故事。

该书由爱尔兰废奴主义牧师塞缪尔·摩尔（Samuel Moore）编撰，讲述了一个非同寻常的故事。穆罕默德·加尔多·巴夸夸可能是19世纪20年代末出生于朱古（Djougou），一个位于现代贝宁北部的贸易城镇。作为富裕的穆斯林商人的儿子，他就读于伊斯兰学校，年轻时在当地统治者家中谋得一个职位。然而，大约在1845年，他被绑架（他声称是被嫉妒他的对手绑架），并被卖为奴隶，通过达荷美共和国到达奴隶贸易港口维达（Ouidah，贝宁南部，几内亚湾沿岸的一个港口城市）。他在维达港被“出口”到巴西，成为巴西伯南布哥州（Pernambuco）一个面包师的奴隶，后来又在巴西的里约热内卢当上了船长。1847年，在前往纽约市的一次航行中，他成功逃脱，随后前往被黑人统治的海地共和国。在那里，他加入了美国浸信会自由传教会（American Baptist Free Mission）。1848年，他放弃了伊斯兰教的信仰，改信基督教。巴夸夸先回到美国，然后回到加拿大，他写这本传记似乎是为了筹集资金，使他能够以基督教传教士的身份回到非洲。然而，他的传记小册子收益甚微。由于筹集资金受挫，1857 年，他在乘船前往利物浦的历史记录中消失了。

虽然这个传记故事很吸引人，巴夸夸的传记还是不寻常的。很少有跨大西洋奴隶贸易的受害者能够逃脱奴隶制度的奴役，并继续经历这种程度的流动。然而，作为一个奴役和救赎的故事，一个跨越非洲、美洲和欧洲的物质和精神运动的故事，它概括了非洲移民裔群的本质。我们已经谈到了美洲的非洲移民裔群在塑造非洲观念和约鲁巴等特殊身份方面的作用。我们在这里回到非洲历史和非洲移民裔群历史之间相互联系的更广泛背景下，讨论这个问题。这两大历史从哪里开始，在何处结束？非洲移民裔群在多大程度上算“非洲人”？

这些长期以来一直是有争议的问题——尽管在美国比在非洲更有争议。正如我们所看到的，早期的非裔美国知识分子设想了“黑人种族”的文化统一。20 世纪的泛非主义领袖，如《黑人文化认同运动》（*Négritude Movement*）的作者杜波依斯和马库斯·加维（Marcus Garvey），以及人类学家梅尔维尔·赫斯科维茨（Melville Herskovits）也是如此。赫斯科维茨的《黑人历史的神话》（*Myth of the Negro Past*，1941）颇具影响力，主张在美洲黑人群体中延续非洲文化。然而，第二次世界大战后，世界的种族分类和泛非主义作为一种政治项目都衰落了。正如帕特里克·曼宁（Patrick Manning）所指出的，值得注意的是，杜波依斯用一个名为《世界与非洲》（*The World and Africa*，1946）的新版本取代了他早期的黑人历史研究——《黑人》（1915）。20世纪50年代，随着非洲民族主义的兴起——以及对非洲历史的研究——非洲大陆本身也变得更加引人注目。用曼宁的话来说，“地方取代了种族”。非洲的历史是一个方向，而黑人裔群的历史则是另一个方向。

AN INTERESTING NARRATIVE.

BIOGRAPHY

OF

MAHOMMAH G. BAQUAQUA,

A NATIVE OF ZOOGOO, IN THE INTERIOR OF AFRICA.

(A Convert to Christianity.)

WITH A DESCRIPTION OF THAT PART OF THE WORLD;

INCLUDING THE

Manners and Customs of the Inhabitants,

Their Religious Notions, Form of Government, Laws, Appearance of the Country, Buildings, Agriculture, Manufactures, Shepherds and Herdsmen, Animals, Marriage and Funeral Ceremonies, Dress, Trade and Commerce, Warfare, Slavery, with an Account of Mahommah's early life, Education, Capture and Slavery in Africa and Brazil, Escape, Reception by Rev. W. L. Judd, Baptist Missionary at Port au Prince, Conversion to Christianity, Baptism, his Views, Objects and Aim, &c.

WRITTEN AND REVISED FROM HIS OWN WORDS,

BY SAMUEL MOORE, ESQ.,

Late publisher of the "North of England Shipping Gazette," author of several popular works, and editor of sundry reform papers.

MAHOMMAH G. BAQUAQUA,

Engraved by J. G. Darby, from a Daguerreotype by Sutton

DETROIT:

Printed for the Author, Mahommah Gardo Baquaqua,

BY GEO. E. POMEROY & CO., TRIBUNE OFFICE.

1854.

图 17 《穆罕默德·加尔多·巴夸夸传记》的标题页（底特律，1854）

近几十年来，对二者关系的研究越来越受到重视。历史学家不再关注种族的本质，也不再关注关于在美洲丧失或保留非洲特征（或“幸存者”）的古老争论，而是开始在各种各样的背景下探索跨文化交流，包括贯穿大西洋、印度洋和非洲自身内部的跨文化交流。随着研究发掘出越来越多的运动、文化转型和跨越边界的证据——比如巴夸夸的传记——人们越来越有可能把非洲看作是现代世界不可或缺的一部分，而不是一个孤立的大陆。泛非主义者对讲英语的非裔美国精英的兴趣，现在已经扩大到包括诸如非洲和巴西之间关系的研究，包括伊斯兰教在非裔巴西人中的持续存在和19世纪自由奴隶运动回到非洲西海岸。

人们也越来越认识到，裔群的概念必须包括非洲本身。皮尔·拉尔森（Pier Larson）在最近一项关于马达加斯加高地美利纳王国（Merina Kingdom of Highland Madagascar）奴隶贸易的研究中指出，奴役的过程不仅包括将受害者从非洲海岸驱逐出去，还包括在非洲大陆范围内的大规模流离失所、创伤和文化变革。事实上，在大西洋贸易时代，被奴役和迁移到非洲境内的非洲人，很可能比出口的非洲人还要多，尤其是在19世纪海外贸易受阻的情况下。考虑到这一点，上面提出的问题是可以逆转的：它不仅仅是关于“非洲人”如何变成裔群的问题，我们还需要考虑其他裔群是如何变成非洲人的。

非洲动荡的19世纪

19世纪是非洲大部分地区动荡不安的变革时期。关于我们已经审议过的三个主题，地方和全球力量之间的相互联系以各种方式发生了改变。从塞内加尔到苏丹，整个苏丹地区的伊斯兰改革派开始挑战现状，寻求净化宗教信仰，建立新的伊斯兰国家。基督教传教士的努力也进入了一个更加激进的阶段，新教教派加入天主教会，努力向“异教徒”传福音，并扭转被认为是穆斯林的潮流。与这两种宗教进程交织在一起的，是奴隶制的转变和奴隶贸易。1807年英国废除奴隶贸易后，大西洋贸易逐渐停止——尽管在此之前又有300万非洲人被运往美洲。然而，这个世纪见证了向印度洋出口奴隶的扩张，以及该大陆内部的奴役。与此同时，在美洲和西非海岸“克里奥尔”社区（Creole communities）那些受过教育的非洲精英，在基督教和废奴主义的激励下，开始重新想象他们自己以及被救赎的非洲的身份。

在这些进程中，非洲与世界不断变化的接触还可以增加一个因素：欧洲帝国主义的逐渐渗透。在直接的政治控制方面，直到19世纪80到90年代的“争夺战”，欧洲在非洲大陆的存在是微乎其微的。除了少数作为奴隶贸易的产物出现的沿海飞地，欧洲统治的领土仅限于非洲的南北两端，即英国的开普殖民地偏远村镇（后来加入了纳塔尔和独立的布尔共和国），以及从1830年起法国的殖民地阿尔及利亚。然而，随着19世纪的推进，欧洲工业化的政治和经济影响力（大体上是指英国，在较小程度上是法国）以各种方式表现出来。这些方式加起来就是所谓的“非正式帝国主义”。虽然可能是“非正式”的，但它代表了非洲海岸力量平衡的根本性转变。

1798 年，拿破仑·波拿巴占领了埃及。法国军队只驻扎了三年（在被英国驱逐之前），但是他们轻而易举地控制了奥斯曼帝国的一个核心省份，震惊了北非穆斯林的统治者。在埃及，占领的后果是见证了穆罕默德·阿里（Muhammad Ali，1805—1848 年在位）的崛起，他是一名阿尔巴尼亚血统的士兵，为了对抗西方日益增长的威胁，他开始了一项现代化战略。法国的干预也标志着欧洲“东方”观念发展的关键时刻。拿破仑带着一支庞大的科学家队伍，他们的研究标志着埃及学学科和欧洲学者与伊斯兰教接触的开始。他们还偷走了大量古代文物（包括能够翻译埃及象形文字的罗塞达石碑）——这是帝国主义科学或文化掠夺的早期例子。

欧洲对非洲事务日益增加的干预在反奴隶贸易运动中表现得很明显。18 世纪，英国船只运载了最多的非洲人横渡大西洋，奴隶种植的加勒比蔗糖对其国民经济做出了至关重要的贡献。然而，在 1807 年，废奴主义游说团体使英国臣民进行奴隶贸易成为非法活动。在随后的几十年里，英国哄骗其他奴隶贸易国家效仿，对西非海岸实施海上封锁，并威胁要对巴西采取同样的行动。到19世纪50年代，非法贸易已缩减成涓涓细流。英国的动机是由经济利己主义和高尚的人道主义共同塑造的。然而，对沿海中间商国家的统治者来说，这场运动相当于对他们最重要的出口商品——人，实行单方面禁运。随后鼓励的非奴隶出口（所谓的合法贸易）也带有道德斗争的基调。在维多利亚时代的鼎盛时期，“基督教、文明和商业”的结合被认为是拯救愚昧大陆的关键。

从奴隶贸易到“合法贸易”的转变在非洲大陆以各种方式展开。在西非沿海地区，棕榈油和花生等农产品逐渐取代了奴隶的出口，在一些地区，财富在小生产商和商人之间扩散。

这种新的贸易经常受到塞拉利昂、利比里亚、黄金海岸和其他地方有文化的精英的支持，他们以旧奴隶贸易贵族为代价，成为非洲和欧洲之间的一种新型“中间人”。在其他地方，比如在达荷美，后者适应了不断变化的环境，多样化地生产棕榈油，但仍继续通过皇家海军舰队走私奴隶（例如穆罕默德·加尔多·巴夸夸）。

然而，非洲内部的奴隶制非但没有像废奴主义者所希望的那样，随着大西洋贸易的结束而“消亡”，反而扩大了。曾经出口到美洲的劳动奴隶在非洲受到了更严苛的剥削——具有讽刺意味的是，这往往是对新商品需求的结果。随着新伊斯兰国家，如尼日利亚北部的索科托哈里发国（Sokoto Caliphate）的建立，战争产生了大量的“异教徒”俘虏。许多人继续被押往沿海非法出口，但更多的人被安置为农奴。1888 年，巴西废除奴隶制后，索科托哈里发国成为世界上最大的奴隶社会，大约三分之一的人口受奴役。在非洲东北部，当穆罕默德·阿里和他的继任者试图把埃及的统治延伸到尼罗河下游和苏丹的赤道地区时，国家建设的特点也是对异教人民的奴役。

图18 19世纪的“合法贸易”。大约1890至1892年，在桑给巴尔的象牙市场上，一群形形色色的印第安人、阿拉伯人、当地的斯瓦希里人和欧洲人看着一个工人卸下象牙

暴力、奴役和政治斗争在非洲中部、东部和南部的大部分地区也很普遍。在这里，商业转型不是由农业生产主导，而是由狩猎主导，尤其是象牙。当象牙贸易的边界无情地从东部和西部海岸向刚果盆地推进时，大量的象群被屠杀。私人拥有枪支，加上商业财富的新来源，改变了许多地区的政治权力平衡。已建立的国家，如伦达（Lunda）和鲁巴王国，被武装精良的入侵者或内部的异己势力压低了地位。在其他地方，出现了新的领地，例如斯瓦希里象牙商人和桑给巴尔奴隶贩子在刚果东部铸造的领地。与此同时，在南非和阿尔及利亚，白人定居者的边境向内陆挺进，引发了武装暴力和越来越多的剥夺。

这些多重进程在19世纪末欧洲征服和分割非洲大陆的几十年中达到高潮。在下一章中，我们将讨论非洲与世界长期关系的这一新阶段。但我们可以从本章概述的四个主题中得出结论，非洲人早在暴力强加殖民统治之前，就已经是世界历史的一部分。和其他地方一样，有时这是他们自己的措辞，有时不是。

| 第五章 |

非洲的殖民主义

05

非洲的殖民统治来得很晚，其历史也相对简短。与16世纪初落入西班牙和葡萄牙统治并保持300年的拉丁美洲不同，非洲直到19世纪末20世纪初才被欧洲帝国征服。到了20世纪60年代，殖民时期就几乎结束了。在非洲大陆的许多地方，它只维持了两代人：例如，摩洛哥于1912年成为法国的保护国，并于1956年再次独立——受殖民统治的时期比主权恢复的时期要短。20世纪90年代末，在加纳北部进行研究时，本书的一位作者采访了一些老人和妇女，他们还记得1911年他们小时候的那场军事运动，那场运动使他们的社区处于英国的统治之下。46年后的1957年，英国人走了。

与美洲形成进一步对比的是，美洲的土著人民遭受了灾难性的人口崩溃和地区性的文化毁灭，但是大多数非洲文明都足够强大，能够在殖民征服的经历中安然无恙地生存下来。欧洲在整个大陆的统治，利用了胁迫和种族主义的手段，这带来的往往是暴力、剥削和创伤。但是它的影响却大不相同：随着时间的推移，从一个地区到另一个地区，从一个殖民地到另一个殖民地，从男人到女人，从年轻人到老年人，都会拥有差异，并且由非洲人自身及他们的殖民统治者共同塑造的社会、政治和经济因素也会作用于此。对一些非洲人来说，殖民统治是一种威胁；对另一些人来说，殖民统治是一种机会；对很多人来说，可能两者都有。重建这些复杂的模式是当今非洲历史学家面临的最大挑战之一。

20 世纪 60 年代，当历史学家开始系统研究非洲历史时，他们对当时即将结束的殖民统治时期并不特别感兴趣。他们更关心的是回顾殖民前的非洲，以证明该大陆在实行欧洲统治之前有一段真实的历史（见第六章）。殖民地的征服被视为一种非法的分裂，对某些人来说，这是一种与主题太接近、太痛苦，还没有形成的“历史”。在一个有影响力的提法中，尼日利亚先驱历史学家雅各布·阿德·阿加伊（Jacob Ade Ajayi）将殖民主义描述为短暂的“非洲历史插曲”，其特征是土著制度的基本连续性。毕竟，在20世纪50年代，殖民主义的历史几乎是唯一的非洲历史：它是一个由欧洲人（通常是殖民官员自己）写的关于欧洲开拓、发展的故事，非洲人几乎没有出现在其中。在解放斗争的鼎盛时期，当务之急是摆脱殖民统治，而不是分析殖民统治。正如弗雷德里克·库珀在一份关于殖民主义研究命运变化的调查报告中写道：“许多学生认为，他们所需要了解的只是殖民主义的恐怖。”

半个世纪过去了，情况发生了变化。在过去20年里，人们对殖民时期的兴趣大大增加。的确，人们经常在学术会议和研讨会上听到有人哀叹，殖民前的历史现在被严重忽视了——如果你研究一下非洲主要历史期刊的内容，这种担忧似乎就能得到证实。这一转变的部分原因仅仅是时间的流逝：欧洲帝国的衰落与20世纪50年代对非洲的争夺一样久远。殖民主义现在已经成为历史，其间的鸿沟为历史学家提供了两个重要的资料：书面文献和反思的时间。这不仅因为可以用来书写非洲殖民历史的资料比过去几个世纪的资料多得多——尽管这无疑是吸引研究的一个因素，还因为越来越多的理论工具和分析见解，使历史学家能够以比以往更为复杂的方式来思考殖民主义。美洲、亚洲，甚至欧洲帝国的“大都市”本身也是如此。

这种新思维可以归结为一个简单的观察：殖民主义不仅关乎欧洲统治者的所作所为或想法，还关乎非洲人（或亚洲人，或其他国家的人）的所作所为和想法。仅仅把殖民统治看作是对真正的“非洲”历史的一种偏离，或者仅仅是在道德上应受谴责，都是不充分的看法。就像看待跨大西洋奴隶贸易的问题一样，历史学家和所有人一样，都倾向于对欧洲帝国主义的本质做出价值判断。但是，他们的任务是超越这种判断，以便重建非洲人民在殖民统治下的生活经历及其所有复杂性和矛盾性。

阿加伊的正确之处在于，他认为帝国权力并不像它试图假装的那样具有统治力、连贯性或统一性。随着非洲人积极参与建立殖民主义世界的方式越来越为人所知，独特的“殖民时期”的概念本身也变得有问题。历史学家不再把非洲大陆的过去，看作是一系列鲜明的前殖民、殖民和后殖民时期，而是越来越关注这三个时期之间的连续性和变化模式。

征服

就非洲内外部对非洲过往的普遍看法而言，欧洲在 19 世纪末对领土的“争夺”或许是整个非洲大陆历史上最著名的一段插曲。具有讽刺意味的是，它仍然是最不被人理解的。部分原因在于，殖民征服往往更多地被视为欧洲历史上的事件，而非非洲历史上的事件：一场帝国对抗、高级外交和大胆军事壮举的戏剧，在非洲人很少有发言权的广阔大陆舞台上上演。此外，尽管在某些方面把这场征服看作是一场争夺是有益的，但它也是一系列地区性的争夺，其形式是多种多样的，因为不同的原因在非洲大陆的不同地区展开。

关于这些原因的历史争论，已经转向一系列相互交叉的问题：分裂的根源是在欧洲还是在非洲？

经济动机在多大程度上是关键因素？向征服领土的转变代表了一种明显的新型帝国主义，还是从旧形式的非正式控制延续下来的？当英国自由主义作家 J. A. 霍布森（J. A. Hobson）认为，1899 至 1902 年的南非战争（或称布尔战争）是为了让英国的资本家能够控制该地区的金矿而发动的时候，这些问题开始在欧洲出现。近年来，由于历史学家对单一原因的解释和宏大的“元叙述”持怀疑态度，转而探究殖民征服经历中欧洲和非洲产生的众多不和谐声音，这些声音在某种程度上已经淡出了人们的视野。

在所有这些争论中，让我们从一些关键事实开始讨论。在 19 世纪的最后 25 年中，欧洲对非洲的逐渐渗透突然加速，成为一场旷日持久的领土征服的战争。所涉及的帝国主义列强是那些有着既定商业利益和沿海飞地的国家，包括英国、法国和葡萄牙（后者可追溯到 16 世纪），以及迄今为止与非洲大陆几乎没有关系的集团，包括德国和意大利，还有建立了私人殖民地的比利时利奥波德国王（King Léopold of Belgium）。

在19世纪80年代初，这些新来者插手非洲事务，特别是俾斯麦领导下新统一的德国，威胁到英国的既定地位——英国是19世纪的世界霸主，其商人控制着非洲的大部分对外贸易。法国的新“前进政策”（forward policy）同样如此，在19世纪80年代初，法国的“前进政策”允许其驻塞内加尔的军事指挥官自由地扩大对内陆领土的控制，同时鼓励其在其他地方的代理人与当地统治者签订条约。对欧洲列强来说，非洲贸易的价值很小，例如，与非洲的贸易在英国海外贸易中的占比不到5%（其中大部分是与埃及和南非的贸易）。但在经济衰退、沿海地区已建立的商业关系日益紧张、对内地的了解不断增长之际，欧洲大陆的强力“开发”行动将确保非洲潜在财富的吸引力，这些行动在说服欧洲政治家默许一小部分帝国主义爱好者和机会主义者日益尖锐的要求方面，发挥了关键作用。

征服的投机性显而易见，将竞争对手排除在潜在利润丰厚地区的愿望，往往比保护既定利益更为重要。但在欧洲瓜分非洲的过程中，也存在着强烈的合作压力。非洲大陆的对外开放被视为一项崇高的“使命”，不仅是为了与之进行贸易，而且通过对外开放教化落后、愚昧的人民。帝国主义的言论是利己主义、种族傲慢和传教士热情的混合体，在许多方面与早期的反奴隶贸易运动相似。帝国主义的合作在1884至1885年著名的柏林西非会议上也表现得很明显，那次会议旨在解决现有的领土争端，并为随后的兼并制定基本规则。总的来说，游戏规则起作用了。19世纪90年代，在划定沿海势力范围之后，为了确立对内陆腹地的“有效占领”而展开了一场你争我夺的竞赛。尽管普遍存在沙文主义和武力恫吓，但直到第一次世界大战，从来没有两个欧洲大国在非洲打过仗。

简而言之，这就是故事的欧洲部分。在地面上展开征服的现实当然要复杂得多。首先，避免帝国对手之间的暴力并没有延伸到它们的非洲对手身上。占领通常是通过谈判和条约来保证的，可疑的“保护”被扩展到地方统治者。但在许多地区，欧洲军队面临着顽强的武装抵抗，抵抗往往发生在非洲国家和社区内部就如何最好地捍卫地方主权进行激烈辩论之后。武装抵抗要么来自军事化国家（其中，许多国家在动荡的 19 世纪早期就建立了自己的武装力量），要么来自顽固独立的无国籍民族，对他们来说，任何形式的推翻都是可憎的。

然而，面对欧洲工业技术的压倒性优势，武装抵抗被证明是徒劳的。值得注意的是，当法国在 1830 年入侵阿尔及利亚时，它在武器技术方面几乎没有或根本没有优势，并卷入了一场代价高昂、长达 17 年的消耗战，这场战争打击了大量大都会军队。相比之下，到 19 世纪末，“帝国的工具”残酷地将非洲的武士精英扫到一边。这些工具不仅仅是枪支，还有药品、轮船、铁路、电报和工业国家的组织能力。然而，至关重要的是武器装备的技术差距，1898 年的乌姆杜尔曼战役（Battle of Omdurman）就是一个可怕的例证，当时苏丹马哈德斯坦（Mahdist）士兵多次向基奇纳（Kitchener）的机关枪开火，造成约 11 000 人死亡，而英方仅有 49 名士兵丧生。

广泛使用当地招募的非洲士兵进一步促进了征

服，重要的是也降低了征服的成本。许多人曾经是奴隶，他们从推翻现存秩序中获益良多。这种雇佣军的早期榜样是塞内加尔的铁骑兵，即“塞内加尔步枪兵”，他们为法国服务，一路战斗，穿越西非的苏丹地区。只有两个非洲国家的统治者与他们的欧洲对手，具有相匹配的政治和军事资源，即南非的布尔白人共和国和古高地王国埃塞俄比亚的统治者。前者与大英帝国的强权对抗了三年，在 1902 年一场痛苦而代价高昂的战争后终于投降。埃塞俄比亚独自赢得了权力之争，在 1896 年击败了入侵的意大利军队，通过条约获得了主权，并继续扩大自己对周边人民的帝国统治。直到 1936 年落入墨索里尼侵略的法西斯军队之手之前，埃塞俄比亚一直保持独立。到那时，武器差距进一步扩大，皇帝海尔·塞拉西（Emperor Haile Selassie）的骑兵屈服于意大利的盔甲、飞机和毒气。

图 19　征服。马哈德斯坦指挥官穆罕默德·伊本·艾哈迈德（Mahmud Ibn Ahmad，他的签名出现在阿拉伯语中）在 1898 年英埃征服苏丹的阿特巴拉战役中被俘后，遭到苏丹第 10 营的士兵护押。穆罕默德穿着吉巴（jibba，意为安萨尔的贴花罩衫），马哈德斯坦运动勇士们的服饰

尽管瓜分的速度很快，但殖民征服的进程在一些地区持续了几十年。1912 年，在摩洛哥落入法国的统治、利比亚落入意大利的统治之后，除埃塞俄比亚和非裔美国人定居国——利比里亚外，整个非洲大陆在名义上都被纳入了欧洲帝国。然而，殖民地的军队和官僚机构规模很小，大片领土仍处于有效控制之外。例如，对西非森林和整个苏丹区的无国籍人民的征服持续了很长时间，其特点是以整个社区为目标的残酷的惩罚性探险。

其他民族则奋起反抗早期殖民国家的压迫性要求，尤其是 1896 年南罗得西亚的恩德贝勒（Ndebele of Southern Rhodesia）、1900 年黄金海岸的阿桑蒂、1904 年德国西南非洲的赫雷罗（Herero），现在分别是津巴布韦、加纳和纳米比亚三个国家。也许最著名的反对殖民统治的起义是 1905 至 1907 年在德国东非（现在的坦桑尼亚）发生的马及马及起义，它团结了不同的民族，打着分发圣水（Maji）的宗教运动的旗号，以保护他们免受德国子弹的伤害。和赫雷罗反抗一样，在随后的镇压和饥荒中，生命损失是巨大的。在第一次世界大战中对抗德国军队的盟军运动席卷而来时，这个受到破坏的地区还没有恢复过来。

然而，在殖民早期的非洲，最具破坏性的社会破坏和生命损失，发生在比利时利奥波德国王所统治的刚果独立国（Congo Independent State）。在这里，暴力与镇压叛乱无关，而与绝望地企图从赤道森林里分散的人口中以象牙和橡胶的形式攫取财富有关。这是约瑟夫·康拉德的小说《黑暗的中心》（*Heart of Darkness*，1901）和他的短篇小说《文明前哨》（*Outpost of Progress*，1897）的背景。传教士和记者努力提醒世界注意在刚果发生的暴行，这被视为 20 世纪第一次成功的人权运动。1908 年，利奥波德迫于国际压力，将自己的大片私人领地移交给了比利时政府。

除意大利入侵埃塞俄比亚外，第一次世界大战是瓜分非洲的最后行动。1918 年战败后，德国失去了其殖民地，这些殖民地由获胜的盟国瓜分，从技术上讲，这是在国际联盟（League of Nations）监督下的“授权”。战胜国包括从 1910 年开始实行自治的大英帝国的南非联邦，当它被授予对邻近的西南非洲的托管权时，它以自己的权力成为亚帝国（sub-imperial power）。“亚帝国主义”的多层次性质在苏丹也很明显，苏丹在马哈德斯坦政权被再次征服之后，由英国及其保护国埃及共同统治。战争的余波见证了帝国的进一步重组，1922 年，埃及民族主义的复兴迫使英国承认了这个国家的半独立。埃及和南非是例外。在征服时代的暴力之后，到两次世界大战之间的时期，欧洲的统治在整个热带非洲似乎是安全的。但这些重叠的年表说明了问题：当最终的非洲帝国地图刚刚成形时，殖民主义瓦解的最初迹象就开始显现了。

殖民国家

欧洲列强是如何统治它们新的非洲帝国的？“殖民主义”在非洲语境中的确切含义是什么？在考虑这些问题时，必须强调的是，很少有人系统地考虑如何管理非洲财产。此外，人们的想法很少能脱离计划，当统治者面临须以紧张的预算来管理大片领土和各种各样——常常是顽固不化的人民——严峻的现实问题时，这种想法往往会烟消云散。分裂的速度意味着殖民地国家从一开始就是即兴事件，对它的管理基于各种主要由当地条件决定的临时安排。关于如何最好地管理“当地人”的想法往往是从以前的殖民地遭遇转移过来的：英国的想法来自印度帝国，法国的想法来自北非阿尔及利亚的桥头堡。但这样的想法往往是有争议和矛盾的。例如，法国官员对伊斯兰教表现出一种矛盾的态度：穆斯林通常被认为在文明方面优于“异教徒”，但又被视为天生不忠。

至少在早期，各国的统治“风格”有一些不同。法国官员往往很快就废除了不合作的非洲统治结构，这符合试图通过将土著社会“同化”到西方文化中，最终改变土著社会的模糊意识形态。同化概念的核心是公民和主体之间的区别，后者受制于“土著”法律法典《土著人法令》（*Indigénat*，受葡萄牙人和比利时人操控）苛刻的条款。相比之下，英国官员更倾向于利用现有的统治者，特别是现有统治者是可以与之做生意的贵族威权主义者时，就像尼日利亚北部索科托哈里发国的埃米尔（emirs）[1]一样。

尼日利亚北方的鲁加德勋爵（Lord Lugard）率先提出的这种更为保守的模式，后来被称为“间接统治”。到了20世纪30年代经济大萧条时期，当成本效率成为当时的主流时，整个非洲大陆的所有殖民国家都或多或少地采用了这种形式。欧洲帝国主义列强以非洲人没有能力正确管理自己为借口侵略非洲；然而，殖民统治一旦在那里建立起来，他们发现，没有非洲盟友和中间人的参与，他们就无法治理国家。

正如历史上各个帝国的情况一样，许多非洲人选择接受新的殖民秩序，并努力把它变成他们自己的优势。这些人从加入殖民地军队的卑微的前奴隶、把识字作为社会和经济进步途径的文员和口译员，到与欧洲势力结盟而巩固自己政治地位的国王和酋长，不一而足。后者中，最著名的一位是阿波罗·卡格瓦爵士（Sir Apolo Kagwa，1869—1927），他在与英国联手推翻位于现代乌干达境内

1　对某些穆斯林统治者的尊称。

的布干达王国（Buganda kingdom）统治的过程中发挥了关键作用。19世纪80年代，基督教传教士在布干达产生了重大影响，吸引了雄心勃勃的年轻人——这些年轻人新近拥有的读写能力为他们赢得了“读者”的地位。在20世纪末，当穆斯林、新教和天主教的敌对派系在王室争夺权力时，年轻的卡格瓦成为新教徒的领袖，与即将到来的英国军队结成联盟，并在他们的支持下成为“首相”（katikiro）。

在传教士、民族学家约翰·罗斯科（John Roscoe）的鼓励下，卡格瓦开始收集口头传说。1901年，他出版了《布干达之王》（*Basekabaka be Buganda*），这是卢干达（Luganda）关于它的人民历史和风俗的三部著作中的第一部。作为典型的现代化者和“文化经纪人”，卡格瓦巧妙地在殖民权力和本土文化之间进行了调解。他在自己用印刷机出版的书上，描述了布干达皇室历史的最早变迁。与约翰逊的《约鲁巴人的历史》一样，卡格瓦的作品当然是历史的一个特殊版本。它还引发了一系列作品的发表，这些作品是由邻近王国的文化代表撰写的，如布干达的长期竞争对手布尼奥罗（Bunyoro）。现代历史学家把这些早期的书面历史看作是复杂的原始资料来源，需要对它们产生的权力结构进行仔细的语境化。然而，对许多乌干达人来说，卡格瓦的书已经代表了布干达历史的“官方”版本。他作为文化传承人的影响一直延续到今天。

这些非洲盟友之所以至关重要，原因很简单：非洲的殖民统治是廉价的。这对大英帝国和贫穷落后的葡萄牙来说都是事实。对尚未开发的财富的宏伟愿景和极度膨胀的希望很快就消失了，取而代之的是，在执行法律和秩序、提高税收和动员劳动力方面，官僚机构捉襟见肘，正在进行一场持续不断的斗争。由此产生的经济体系与殖民前的历史一样多样化，而且在许多地区都是基于19世纪的商业转型。非洲农民已经建立了可行的出口经济，特别是在埃及和西非沿海和森林地区，殖民地国家迫切希望他们继续扩大商品生产。相比之下，偏远、贫瘠的内陆地区，如法属西非的苏丹地区，往往受到更为强制性的税收提取措施的影响，包括根据土著条款提取的惩罚性人头税、强迫劳动和强制种植。

法国和比利时统治下的赤道非洲，以及葡萄牙统治下的安哥拉和莫桑比克的大部分地区也存在着强迫的特征。特别是在赤道森林地区，这个早期殖民国家的资源非常匮乏，以至于将大片领土的控制权交给了所谓的“特许公司”，这些公司的主要目的是迅速掠夺尽可能多的财富。正如西非的农民农业制度建立在前殖民主义的倡议之上一样，特许政权也被视为19世纪席卷刚果盆地的野蛮暴力的奴隶和象牙贸易的延续。这是一个掠夺者的国家，刚果河下游的人民将其拟人化为“岩石的破坏者”（bula matari）。这场破坏如此之大，以至于让·范西纳认为，征服意味着整个赤道中部非洲的“旧传统的消亡”，这与雅各布·阿加伊对殖民时期的看法形成了鲜明对比。这两个相反的历史观点充分说明，殖民经验经历了广袤地域的多样性。

图 20　文化经纪人。1902 年，布干达的首相——阿波罗·卡格瓦（右）和他的朋友——现代化基督教徒哈姆·穆卡萨（Ham Mukasa）合影。本杰明·斯通爵士（Sir Benjamin Stone）摄

在其他地方，尤其是在法国统治的北非和英国统治的肯尼亚、南罗得西亚及1910年之前的南非，官员们认为，推动经济发展的主要力量应该是白人殖民者，而不是非洲生产者。在这些地区，“殖民主义”又有了完全不同的含义。欧洲共同体仍然是世界各地的少数民族，包括在非洲大陆两端的两个白人殖民地——阿尔及利亚和南非。但是，尽管存在争议，殖民者对他们各自殖民地的经济和社会变化的发展轨迹有着不成比例的影响。对非洲土著居民来说，这种影响往往是有害的：殖民者通常被分配最好的农业土地，这些土地以前的监护人要么沦为没有土地的劳工，要么被迫进入过度拥挤的“土著保护区”。在英国的东非和南非殖民地，大量的印度移民使情况更加复杂，他们在殖民地的种族阶层中占据了一个模糊的中间层地位。

图 21　工作和流动性。1914 年，在比属刚果铺设铁路

此外，在南非、南罗得西亚和北罗得西亚（现在的赞比亚），以及比属刚果的南部，欧洲矿业公司与白人农民争夺非洲劳动力。在早期，许多非洲工人和农民，特别是寻求摆脱父权的年轻人，利用了新发现的有薪劳动力和扩大粮食市场的机会。然而，到两次世界大战之间的时期，由于土地转让和移民劳工制度的要求给许多非洲社区带来巨大压力，所谓的“殖民者采矿”经济变得越来越具有强制性。

对整个非洲大陆的非洲人提出的所有这些要

求，包括交税、种植新作物、为白人定居者让出土地、到新地区去工作，在殖民主义的核心造成了另一个矛盾。欧洲人对非洲最重要的看法是，它是静态的、原始的、“传统的”——殖民统治者大体上认为，维护这种条件符合他们自己的利益，也符合他们的非洲臣民的利益。然而，对该大陆自然资源和人力的开发正在造成广泛的社会变革。从北方到南方，人们被吸引到现金经济中，重新构建家庭关系，搬到城镇和城市，打破旧的忠诚纽带，建立新的忠诚纽带。

这些纽带中的一部分被单独控制在各个领土内，在20世纪30年代产生了一种早期的归属感，比如说，塞内加尔人、尼日利亚人和肯尼亚人。其他人则跨越殖民边界，在各地区之间建立联系、传播思想，对极少数非洲人来说，甚至超越了非洲大陆本身的海岸线。不断扩大的归属网络，其范围从工人阶级从属关系到作为非洲人或黑人的身份。更多的非洲人信奉伊斯兰教和基督教。许多人也通过西方教育寻求社会进步，这种教育通常由教会学校提供，因此与基督教皈依者的个人解放有关。教育设施差别很大，从不存在的设施到勉强够用的设施，只有少数人有机会升到小学以上。但扩大识字率是非洲的革命性变化。因此，说非洲社会从殖民主义中幸存下来，并不是说它们没有改变。

殖民地知识

为了统治非洲，殖民地官员需要非洲语言、文化和法律方面的知识，在许多地区，这些知识是在当地中介机构的协助下，在占领的几年内开始编纂的。在某些情况下，这一进程扩展到对过去的认识，特别是在法属北非和西非殖民地的一些行政官员和学者的工作中。早在1856年，有关阿尔及利亚的历史资料就出现在《非洲经》（*Revue Africaine*）上，到1900年，欧·霍达斯（O. Houdas）翻译的《塔里克苏丹》已在巴黎出版。在这方面最杰出的人物是莫里斯·德拉福斯（Maurice Delafosse），他于1909年在巴黎殖民学院开始教授非洲语言。在霍达斯的帮助下，他翻译了另一部伟大的廷巴克图编年史《塔里克法塔什》。1912年，他对曼德世界（浩特－塞内加尔－尼日尔）进行了三卷本的大规模调查，包括从编年史和口述资料中获得的大量历史资料。英国的一个类似人物是H. R. 帕尔默（H. R. Palmer），他沉浸在对尼日利亚北部历史的土著叙述中。这些作品都是他们那个时代的产物——例如，帕尔默是含米特假设的坚定信仰者，但他提醒我们，把非洲视为一个没有历史的大陆的殖民愿景远非一成不变。

图 22　小镇生活。过路的小贩或购物者在路易·法伊德赫比（Louis Faidherbe）雕像下摆好姿势。法伊德赫比是法国总督，于 19 世纪 50 年代在塞内加尔的殖民地首府圣路易（Saint-Louis）发起了对塞内加尔的征服。埃德蒙德·福捷摄，约 1900 年

专制主义与装饰主义：关于间接统治的争论

直到最近，历史学家才开始详细研究非洲殖民时期的社会和文化变迁。其结果是人们越来越认识到非洲人有能力继续塑造自己的生活，以及塑造殖民主义本身的性质。我们对殖民统治的了解越多，它似乎就越支离破碎、相互矛盾和具有可塑性，这取决于一些非洲人的积极参与和充分的自治空间（这些自治空间使一些人可以追求自己的事业）。非洲人不再被简单地看作是通过直接的“抵抗”或自私的“合作”，来“回应”强加的外来统治。借用大卫·罗宾逊研究法国殖民当局与塞内加尔和毛里塔尼亚穆斯林社会关系的著作，我们可以看到，无论是统治者还是被统治者，都尝试过各种“和解之路”。简而言之，胁迫和统治是不存在的；“迁就”“遭遇”“侵占”和“非洲代理机构”是存在的。

就像思考奴隶贸易影响的新方法一样，这里的危险是因噎废食：为了接受新的范式而忽视基本原理——或者在某些情况下，甚至回到更老的范式。仅仅因为殖民主义软弱无力，并不一定意味着它的强制性就会有所减弱。事实上，正如我们在赤道非洲所看到的那样，国家越虚弱，它就可能越暴力和越野蛮地剥削。跨越时间与地域的殖民体验非常多样，即使是发生在一片领地内，也会使颠覆历史传统成为一件危险的事情，更不用说是发生在整个帝国内。

这一点在著名（非非洲主义）历史学家最近关于大英帝国的两本书中表现得很明显：大卫·卡纳丁（David Cannadine）的《装饰主义》（*Ornamentalism*）和尼尔·弗格森（Niall Ferguson）的《帝国》（*Empire*）。在《装饰主义》（对爱德华·萨义德《东方主义》的巧妙运用）一书中，卡纳丁认为，理解帝国统治的关键不在于英国统治者与本土“他者”之间的种族差异，而在于英国与本土阶层之间的阶级亲缘关系。弗格森的《帝国》虽然承认帝国征服的残酷，但认为大英帝国在传播自由市场资本主义、法治和民主方面是一股积极的力量——这些价值观是许多殖民地人民热切追求的。两部作品都有严肃的观点；当然，这两位历史学家都不能被指责为帝国主义的辩护者（尽管有些人认为弗格森很接近）。然而，很可能这两种观点充其量都只是部分正确。与以往关于“争夺”（scramble）的争议一样，我们需要格外小心，以免笼统地宣布非洲和其他地方的“殖民统治”到底是什么。

卡纳丁和弗格森提出的关于大英帝国的问题——殖民统治的性质，殖民地人民自己想从帝国的遭遇中得到什么——远远没有以某种方式得到解决，而是在继续被非洲历史学家重建和提炼。一组问题是关于非洲人在创造“传统”“风俗”和新身份方面的作用——它们都是在间接规则制定的大背景下产生的。在这里，这些问题与我们关联密切，因为它们涉及当地民族志和历史知识的产生，例如约翰逊的《约鲁巴人的历史》和阿波罗·卡格瓦的《布干达之王》。到两次世界大战之间的时期，类似的著作往往产生于非洲社会内部对过去的控制和对现在的要求的辩论和斗争中。一个著名的例子是乔莫·肯雅塔（Jomo Kenyatta）的《面对肯尼亚山》（*Facing Mount Kenya*，1938），这是一部关于肯尼亚基库尤人（Kikuyu）的历史人种志，它试图调和基库尤人对白人殖民者和殖民国家失去土地和主权的矛盾反应。

争议的核心是“传统的发明”（invention of tradition）的概念，这个词是1983年由埃里克·霍布斯鲍姆（Eric Hobsbawm）和特伦斯·兰杰（Terence Ranger）创造的；也就是说，那些被认为是古老的、永恒的传统（不仅在非洲，而且在欧洲和其他地方）往往不是这样的，而是最近为使政治权力的行使合法化而创造的。有了这一洞见，许多历史学家发现传教士、官员和人种学家与当地中介机构勾结，对非洲施加了一种明显的新“殖民”观点。正如我们在第二章中所看到的，这种观点认为非洲社会由一系列不同的部落组成。正是这些部落，每一个都有自己的一套传统、风俗和法律，每一个都有自己的“首领”，他们的权力得到殖民地官员的支持，构成了间接统治的基石。据学者马哈茂德·曼达尼（Mahmood Mamdani）称，间接统治创造了一系列“分权专制”，即在殖民统治结束后幸存下来的非法权力结构，这在一定程度上解释了当代非洲的政治威权主义。简而言之，殖民统治者开始保护非洲社会，但这是由他们自己创造的非洲社会。

这些见解对探索殖民统治对非洲的影响具有重要意义。但反过来，它们又被批评过于“建构主义”，也就是说，过分强调殖民势力操纵当地知识的能力，过分强调非洲人在接受虚构的传统时容易上当受骗。有人认为，“传统”要比这复杂得多：它们至少需要一些历史依据和合法性，否则它们就不会成为统治的工具。例如，曼达尼的论文《权力下放的专制》（*Decentralized Despotism*）应该受到批评，因为它低估了上面提到的成倍增长的社会联系，这些联系切断了间接的统治者。正如我们在19世纪约鲁巴族和祖鲁族身份的出现时所看到的，这些进程往往在殖民统治强加之前就已经开始了。到了20世纪30年代，即使是最富裕的殖民国家也开始采取控制行动，它们在遏制或理解自己所引发的变化方面的能力异常不足。

争议还在继续，随着更多的人了解非洲人自己在想象和重新想象传统、身份和权力概念方面的作用，“发明”的概念将进一步完善。

图23 间接的统治者。巴姆（今喀麦隆）国王恩乔亚（Njoya）坐在首都福本（Foumban）的串珠王座上，和他的宫廷成员以及奥地利商人鲁道夫·奥尔登堡（Rudolf Oldenburg）合影。恩乔亚（1885—1933年在位）是一位孜孜不倦的革新者和现代化者，他见证了结合伊斯兰教、基督教和本土实践的新宗教，由德语、法语和当地语发展而来的新语言，以及用来记录他的王国的历史、法律和风俗的表意文字的诞生。海琳·奥尔登堡（Helene Oldenburg）摄，1912年

| 第六章 |

想象未来，重建过去

06

第二次世界大战之后的20年是非洲发生巨大变化的时期。殖民帝国的紧张局势和矛盾在20世纪30年代变得十分明显，但一直要到1945年之后，在欧洲统治者竭力遏制非洲臣民的愿望下，这种矛盾才达到了顶点。在两次世界大战之间的那段时期，这种殖民状态几乎无法维持，在降低经济发展成本和对政治自由日益增长的需求的双重压力下，它先是屈服，然后崩溃。英国和法国这两个最重要的国家试图通过建立经过改革的、更具包容性的殖民制度来控制变革。但是当地的政治家和他们的追随者开始想象一个没有殖民统治导致的不公平和挫折的未来，一个可以保证经济和社会进步到现代世界的自治国家的未来。

改革计划被非洲人日益高涨的期望所抛弃。

1945 年，只有四个非洲国家独立，这四个非洲国家是埃塞俄比亚（1941 年从意大利统治下解放出来）、利比里亚、埃及和南非——尽管埃及名义上仍是英国的保护国，而南非则由一个白人少数民族政权统治。但到 20 世纪 50 年代中期，除阿尔及利亚外的所有北非国家都独立了；到 60 年代中期，大部分热带非洲国家也相继独立。除顽固的葡萄牙帝国和南方的白人至上主义国家外，非洲的“后殖民”时期开始了，解放战争在这里持续了 25 年。

反殖民民族主义和解放的时代也是非洲历史作为一门学术学科出现的时代，这并非巧合。如果说，战后迅速变化的局势需要新的方式来设想当代非洲社会及其未来的话，那么它也带来了一场如何看待过去的革命。西方的教育和文化改变了非洲的社会和政治，正是殖民统治末期在欧洲和北美建立起来的大学里，新一代受过专业训练的历史学家开始了重建非洲大陆历史的任务。

就像殖民统治本身一样，关于非洲非殖民化的动态也有许多争论。权力移交给民族主义领导人是否代表着一个真正的分水岭，即土著主权的重新获得及政治自由新时代的开始？或者这一进程的特点更多的是连续性，即在从殖民地到“后殖民地”的无缝过渡中，一拨专制统治者被另一拨取代？这些争论还在继续——随着战后时期档案记录的公开，越来越多的历史学家参与进来。然而，人们对非洲大陆过去的看法发生了根本性的转变，这是毫无疑问的。尽管欧洲知识界长期以来一直否定非洲人的历史，但在20世纪下半叶，非洲历史叩响了西方学术的大门。从一开始，重建非洲过去的项目就与设想非洲的新未来联系在一起。

非洲的战后时刻

从我们在21世纪初的有利位置来看，欧洲统治的殖民帝国的崩溃是不可避免的。但在20世纪40年代至50年代，非洲人并不一定会这么想。对许多人来说，帝国的纽带似乎在收紧，而不是放松。随着战时中央计划的继续，以及提高商品生产和动员劳动力的努力，殖民地国家变得越来越雄心勃勃，

“发展主义”侵入日常生活。所谓的“第二次殖民占领”的影响是复杂的：它为许多非洲人扩大了机会，扩大了卫生、教育和福利供应（诚然，这些人的基数往往很低），但农民和城市工人的骚乱也在加剧。

在大萧条时期，一些地区开始出现劳工斗争，导致了 1935 年北罗得西亚铜矿大罢工。战争期间，许多殖民地的动乱仍在继续，在 20 世纪 40 年代中期达到高潮，出现了一系列的罢工：1946 年南非金矿罢工尤为明显；1946 年达喀尔罢工、1947 年蒙巴萨和达累斯萨拉姆罢工，以及 1948 年南罗得西亚大罢工；最引人注目的是，1947 至 1978 年，法属西非铁路发生了为期五个月的罢工。随着医疗保健和生育水平的提高导致人口增长加速，来自农村的移民涌入非洲大陆的各个城市。尽管非洲殖民者试图控制移民劳工制度和间接统治的意识形态，认为非洲社会本质上是农村的、部落的和传统的，然而正是快速发展的城市成为变革的关键熔炉，殖民统治者开始失去对权力的脆弱控制。

第二次世界大战是一个转折点，但正如弗雷德里克·库珀自1940年以来在他的新书《论非洲》（*On Africa*）中所指出的那样，非洲大陆未来的政治方向远未明朗。1944年起，渴望在战争失败的创伤后夺回对帝国的控制权的法国，与殖民地建立了新的宪法关系，这是第一次强调经济和社会进步，但也肯定了"法国联盟"的团结。

图24 高等教育。1947年，一名学生在尼日利亚拉各斯的亚巴学院图书馆学习

在巴黎举行的选举中，非洲代表逐渐扩大了自己的选举权，其中包括塞内加尔诗人及黑人运动的联合创始人利奥波德·森古尔，以及医生菲利

克斯·霍普–博伊尼（Félix Houphouët–Boigny）。博伊尼是科特迪瓦非洲可可种植者的拥护者。1946年，霍普–博伊尼提出了最终结束法兰西帝国强迫劳动的立法，而塞内加尔律师拉明·盖耶（Lamine Guèye）提出了结束公民（citizens）和臣民（subjects）之间法律区别的立法。法属北部、西部、赤道非洲和马达加斯加岛上的广大领土上的居民终于摆脱了令人憎恨的“土著”（indigénat）身份，他们现在都是“公民”，但他们是中央集权和复兴的大法国的公民。1947年，马达加斯加的农民起义威胁到法国的统治时，法国的反应是残酷的。大约10万马达加斯加人在镇压叛乱的战役中丧生，这是对殖民征服时代的血腥提醒，也预示着解放战争的来临。

尽管1947年失去了印度帝国，英国仍然急于恢复其大国地位，它动员殖民地生产，以重建其支离破碎的经济。与法国相比，南非在宪法改革方面采取了在开始之初更为犹豫的不同路线，它计划扩大非洲在地方立法机构的代表权，并将正在崩溃的间接统治体系转变为更加民主的“地方政府”。然而，正是非洲发生的事件推动了变革的步伐。1948 年 2 月，长期以来被公认为英国“模范”非洲殖民地的黄金海岸，受到城市骚乱的冲击，导致带有严格限制的改革计划流产。按照调查委员会的建议，伦敦殖民办事处承诺走一条走向黄金海岸自治的道路——这正是英国对这场政治危机的反应。激进的反殖民煽动者夸梅·恩克鲁玛（Kwame Nkrumah）很快抓住了这一政治主动权。恩克鲁玛从较为成熟和精英主义的非洲政界人士中分离出来，成立了自己的大规模民族主义政党。到 1951 年，魅力超凡的恩克鲁玛被选为“政府事务领袖”（实际上是总理），他对完全独立的大声疾呼鼓舞了非洲各地新兴的民族主义者。

黄金海岸的统治者在危急时刻交出了对政治改革进程的控制权，这种模式在随后几年中的整个非洲大陆都得到了重现。让步遭遇了更多的要求。在新兴的冷战背景下，殖民大国的当务之急是确定和培养“温和”的非洲伙伴，以阻止更激进的行动。后者对殖民控制构成直接挑战，如 1947 年马达加斯加的武装起义、1952 至 1956 年肯尼亚的“茅茅起义”、1956 至 1958 年喀麦隆的武装起义以及 1954 至 1962 年阿尔及利亚的武装起义，这些武装起义遭遇的结果是激烈的镇压。在欧洲统治者和殖民者看来，茅茅起义是部分混乱、“有害”的非洲人的非理性暴力行为的爆发，而肯尼亚历史学家对茅茅起义进行了极为复杂的分析。这场冲突被认为是无法解释的，在当今非殖民化的史学中占有突出的地位。

与此同时，各种肤色的非洲政客都需要确立自己的民意合法性。与上一代亚洲民族主义者一样，大多数人都是受过西方教育的城市“中产阶级”，来自受益于殖民时期机遇的社会群体。他们的任务是“占领农村”，也就是说，让广大新获得选举权的农村选民相信，未来掌握在他们手中，而不是掌握在既定的实施间接统治的“酋长”手中。还有小部分人，比如塞内加尔的利奥波德·森古尔和塞拉利昂的米尔顿·马尔盖（Milton Margai）是农村利益的代表，他们的政治目标是驱逐已确立的城市精英。非殖民化进程远非欧洲总督和民族主义解放者之间的简单的双向竞争，而是非洲社会内部政治斗争的杂烩。

图 25 非殖民化谈判。1951 年的黄金海岸（现在的加纳）选举在阿克拉投票，结果夸梅·恩克鲁玛领导的全国代表大会人民党取得了压倒性的胜利。这是一张英国殖民时期的公共关系照片，标题为《曼萨小姐去投票》（*Miss Mensah Goes to Vote*）

如果说 1948 年的黄金海岸骚乱是西非的一个象征性转折点，那么南非国民党（National Party）在白人占多数的南非大选中获胜，则标志着南部和中部非洲大部分地区走上了不同的道路。南非国民党是南非民族主义复兴的载体，它在“种族隔离”的口号下，开始在南非巩固种族隔离制度和白人经济实力。这个压迫性日益加剧的种族隔离国家决心扭转黑人城市化的趋势，可以被视为丑陋的殖民主义移民劳工制度的最终表现，该制度试图剥削“传统的”非洲农村。南非模式吸引了罗得西亚和肯尼亚这两个较小的殖民者社区，这两个社区也在战争后得到了强化，并准备要求白人主导的自治。

图 26　反殖民抗议和白人势力。1962 年 9 月 20 日，津巴布韦非洲人民联盟（Zimbabwe African People’s Union，ZAPU）在南罗得西亚（津巴布韦）被宣布为非法组织后，索尔兹伯里（现哈拉雷）的示威者与武装警察对峙

在安哥拉和莫桑比克的葡萄牙殖民地及比属刚果南部的矿区，殖民者人口和移居国外的矿业公司也在迅速扩大。直到 1957 年，刚果的家长式统治者认为，几代人之后才能实现自治；而葡萄牙的右翼独裁政权无意将民主权利扩大到自己的人民，更不用说非洲帝国的人民了。随着北非和西非大部分地区走上宪法改革的道路，南部白人定居者的势力似乎正在进入一个新的优势时期。在这里，非殖民化往往是长期和暴力的，其特点是农村叛乱，而不是城市谈判。在 1954 至 1962 年之间，在拥有 100 万欧洲殖民者的阿尔及利亚也经历了一场痛苦的解放战争，这场冲突对殖民地和殖民者都造成了创伤。在后期，这场冲突有蔓延到法国自身的危险。

非洲历史的非殖民化

正是这种令人兴奋的社会变革氛围、高涨的期望和政治斗争为非洲历史的学术研究播下了种子。在这一过程中，作为扩大英属西非教育的一部分而建立的高等教育机构，以及在英国和美国的一些具有开拓性的大学院系，成为这一学术发展的推动力量。1948 年同样是关键的一年，尼日利亚伊巴丹大学学院和阿克拉市郊莱贡（Legon）的黄金海岸大学成立，位于芝加哥附近的埃文斯顿（Evanston）的西北大学，在北美创立了第一个跨学科的非洲研究项目，任命罗兰·奥利弗（Roland Oliver）为伦敦亚非研究学院第一位非洲历史讲师。奥利弗和他的同事约翰·法奇（John Fage）随后创办了《非洲史杂志》（*The Journal of African History*），并共同编写了第一本关于非洲大陆历史的现代教科书。到 1951 年，乌干达和苏丹也有了新的大学，独立的埃塞俄比亚也是如此。

然而，摆脱殖民史学遗产的过程将是漫长、艰巨和充满争议的。在新的非洲大学里，“历史”基本上仍指欧洲历史，正如尼日利亚历史学家雅各布·阿加伊提到的 1949 年伊巴丹大学学院（University College，Ibadan）所提供的学位那样。学生们上的最接近自己过去的研究课程名为“非洲的欧洲活动史”，该课程的主要内容是先驱语言学家、殖民官员哈里・约翰逊（Harry Johnson）1899年出版的专著《外来种族对非洲的殖民历史》（*A History of the Colonization of Africa by Alien Races*）。阿加伊回忆说，这本书“被认为是关于非洲历史的最具学术性的一卷书”，尽管它逐渐补充了新材料，但直到1962年伊巴丹大学结束与伦敦大学的合作之前，这门课程一直存在。

就像黄金海岸及其后的尼日利亚走在了通过谈判走向独立的道路的前列一样，它们最好的大学也在非洲历史非殖民化项目中发挥了带头作用。特别是伊巴丹大学成为第一次所谓的“民族主义”非洲史学浪潮的象征，这一浪潮是在20世纪50年代的反殖民斗争和60年代的第一个欣欣向荣的独立年的同时发展起来的。由尼日利亚历史学家K. 翁武卡・戴克（K. Onwuka Dike）于1956年开始领导的“伊巴丹学派”，开始与一些特定的研究议程相联系，包括关注前殖民时期，特别是前殖民国家的形成；关注特定地区的“贸易和政治”平衡；关注殖民征服反抗，以及19世纪一批受过教育的非洲精英的出现。戴克撰写的《尼日尔三角洲的贸易与政治》（*Trade and Politics in the Niger Delta*，1956）是一篇奠基性的文章，它使用欧洲的书面资料，但明显以非洲视角研究非洲与欧洲之间的互动。

图 27　电影中纪念的反殖民战争。1965 年，吉罗·蓬特科尔沃（Gillo Pontecorvo）的电影《阿尔及尔之战》（*The Battle of Algiers*）重现了 1957 年 FLN 民族主义战士和法国伞兵为控制位于阿尔及利亚首都中心的要塞而展开的艰苦斗争。这部电影是在外场拍摄的，编剧和联合制片人是前 FLN 指挥官萨迪·亚瑟夫（Saadi Yacef），他也在屏幕上扮演自己

巴兹尔·戴维森（Basil Davidson）和托马斯·霍奇金（Thomas Hodgkin）这两位来自大学培养的专业历史学家新兴体系之外的学者，决心通过将过去的辉煌与现在的活力联系起来，打破殖民主义的世界观。戴维森是一位战地记者，他出版了众多关于非洲历史和政治的书籍，其第一本专著在1956年出版，而他现在仍然是新传播领域中最受国际观众欢迎的有效传播者。霍奇金在20世纪50年代是黄金海岸的一名校外教师[1]，他在其颇具影响力的《非洲殖民地的民族主义》（*Nationalism in Colonial Africa*，1956）一书中捕捉到了时代的旋律。这部作品旨在将新兴的反殖民斗争置于历史背景中。后来，历史学家对这些议程是如何被当代国家建设项目所塑造的进行了许多反思。用一个引起共鸣的词来说，人们正在寻找一个“有用的过去”——在过去，非洲人建立了能够生存的国家，并且这些国家能够被动员起来表明，他们在殖民征服的破裂中幸存下来，并准备再次掌握自己的命运。

1　高等院校为非全日制学生聘请的教师。

毫无疑问，非洲和欧洲历史的先驱们，无论是专业的还是自学成才的，都感到了一种真正的使命感，因为帝国时代的种族等级制度正在瓦解。然而，“有用的”或“合法的”过去的概念不应该被夸大。早期民族主义历史学家对前殖民时期的关注，既有意识形态方面的原因，也有实践方面的原因：20 世纪五六十年代，管理英国官方文件发布的 50 年规则（后来减少到 30 年）意味着大部分殖民地档案仍然对研究人员关闭。此外，由于过去的大部分时间都是空白的，因此有必要把重点放在现有的书面和口头资料中最明显的东西上 —— 王国和帝国。可以说，这些基础对于后来研究更广泛的社会历史是至关重要的。

更重要的是，过去的历史很少向政治领导人展示一种可供未来借鉴的模式。当历史学家在他们的著作中努力将强大的前殖民国家，如阿桑蒂、布干达和索科托哈里发国，栩栩如生地呈现出来时，民族主义政治家却不寻求复兴过去的政治结构，而是寻求继承欧洲征服形成的领土实体。恩克鲁玛努力将阿桑蒂王国并入新的民族国家加纳，同样令人不安的是将索科托哈里发国并入尼日利亚，将布干达并入乌干达，这暗示了历史知识发挥政治功能的真正局限。简而言之，非洲历史作为一项政治工程，其重要性可能不如将其作为更广泛的学术学科的合法组成部分而确立其资格证书的愿望重要。

然而，应用于非洲的历史认识论，即其知识基础理论，从一开始就受到了争议。为了延续尼日利亚的例子和索科托哈里发王朝的遗产，位于北部城市扎里亚的阿马杜贝洛大学（Ahmadu Bello University）的一所历史学院于20世纪60年代崛起，挑战伊巴丹大学的知识霸权。这个组织被称为“伊斯兰正统主义者”（Islamic legitimists），由皈依伊斯兰教的英国人阿卜杜拉希·史密斯（Abdullahi Smith）领导。他们试图在新的“西方式”非洲历史的方法和苏丹地区较早的穆斯林学术传统之间找到共同点。1975年，史密斯呼吁对尼日利亚的大学和历史学科进行重新定位，这样他们就可以“在他们的传统中体现一些索科特圣战（Sokoto jihad）的学术理想”。他在扎里亚（Zaria，尼日利亚中北部城市）的北方历史研究计划，是对“西方”历史范式正在崛起的主导地位的早期挑战，尽管这是礼貌的，但也预示着意识形态之战即将到来。

阿卜杜拉希·史密斯在尼日利亚北部的领导角色，从一开始就体现了以英语为母语的历史项目的“多元文化”性质。这是一个尼日利亚的戴克和阿加伊，加纳的 A. 阿杜·博阿亨（A. Adu Boahen）和肯尼亚的贝思韦尔·A. 奥戈（Bethwell A. Ogot）等先驱学者于新非洲大学完成第一个学位后，在回国建立历史课程之前又去英国通过攻读博士学位继续他们的专业培训的时代。这次运动还包括来自埃塞俄比亚和南非的主要历史学家，但是，南非的一些历史学家没有选择回到种族隔离国家的压迫环境中。这同时也是欧洲和北美的学者们常常选择延长在非洲的教学时间的时代。许多学者被坦桑尼亚的达累斯萨拉姆大学所吸引，该大学在 20 世纪 60 年代成为一个历史研究中心，可以与伊巴丹大学相媲美。这些学者中有一个激进的圭亚那历史学家沃尔特·罗德尼（Walter Rodney），他 1972 年的著作——《欧洲是如何让非洲欠发达的》（*How*

Europe Underdeveloped Africa）标志着“民族主义”方法转向了更受马克思主义影响的经济史研究。

支撑这种智力交流的是发展中国家相对繁荣的经济状况，尤其是在 20 世纪 50 年代大宗商品繁荣时期。在这方面，历史学家可以被视为技术“专家”队伍中的一员，他们从战后的“第二次殖民占领”时期就开始在欧洲大陆上分散开来——这种近代的争夺是为了获取知识，而不是领土。随着 20 世纪 70 年代严重的经济衰退的到来，欧洲大陆大学短暂的扩张阶段结束了。初露头角的非洲学者继续到海外进行博士培训，越来越多的人去了美国，但越来越多的人选择留在国外，而不是回国面对国内的困难。

历史的非殖民化在法国统治下的非洲起步较慢。就像在英国殖民地一样，城市化和社会变革的速度迫使法国社会学家重新评估人们对非洲“部落”的固有看法。此类最重要的著作是乔治·巴兰迪尔（Georges Balandier）撰写的，他在 1951 年发表了一篇关于不断变化的“殖民形势”的富有洞察力的文章，四年后在法属赤道非洲的首都布拉柴维尔发表了一篇关于非洲生活的里程碑式的研究。巴兰迪尔本可以继续在创建新的法国非洲主义者院校方面发挥领导作用。

然而，与以英语为母语的世界不同，在未来一段时间内，在法国学术界，历史与人类学的关系仍将很差。马格里布大学是一个例外，它受益于大量的前殖民时期用阿拉伯语写成的书面材料（这是伊斯兰学术的既定传统），以及位于阿尔及利亚的殖民时代建立的阿尔及尔大学。与法国热衷中央集权的传统一致，其在非洲殖民地上建立的唯一一所大学是位于塞内加尔的达喀尔大学。但这所大学成立于 1957 年，是一所位于非洲土地上的法国大学，和巴黎的索邦大学一样，它继续教授殖民史，而不是非洲人民的被殖民史。即使在 1960 年独立之后，达喀尔大学仍然完全融入了法国体系，其教学人员的“非洲化”及其知识转向也很慢。直到 1963 年，达喀尔大学还没有非洲人教授历史。塞内加尔第一批获得历史博士学位的学生之一阿卜杜拉耶·莱（Abdoulaye Ly）就表示，他不会在自己的国家申请巴黎的工作。

根据公认的学科基本规则，非洲历史专业化的重要性不应掩盖这样一个事实，即古老的“辩护主义”传统继续与大学研究并驾齐驱，并在与大学研究的不安对话中发展。部分原因是由于黑人文化认同运动的知识遗产，但也可能是因为索邦大学和达喀尔大学的殖民主义观点挥之不去，这些对非洲过去研究的另类、更具投机性的方法在法语世界尤为突出。最广泛意义上的黑人文化运动传统的重要载体，是《非洲存在》（*Presence Africaine*）杂志。1947 年，塞内加尔知识分子阿利翁·迪奥普（Alioune Diop）在巴黎创办了这本杂志，作为对正在进行的法国殖民主义改革的同化主义理想的回应。1949 年，《非洲存在》发表了普莱西德·坦佩尔斯神父（Father Placide Tempels）的《班图哲学》（*La Philosophie Bantoue，Bantu Philosophy*），这是一种“非洲思想”的普遍主义观点，也是基于他在比利时 – 刚果的鲁巴地区的传教工作而产生的黑人创造精神。

然而，在这一背景下，最杰出的人物是塞内加尔历史理论家切克·安塔·迪奥普（Cheikh Anta Diop）。

从他的同样由《非洲存在》发表的第一篇文章——《民族与文化》（*Nations Nègres et Culture*，1955）开始，迪奥普的作品关注的是所谓法老埃及和撒哈拉以南的非洲的文化统一。如第二章所述，考古学家和历史学家以实证为依据，令人信服地驳斥了这一有争议的理论。尽管如此，迪奥普猜测的可疑历史基础，并没有阻止他的作品产生广泛的影响，就像巴兹尔·戴维森更为冷静的贡献一样，它远远超出了学术界的范畴。重要的是，迪奥普的观点也受到了反殖民斗争的影响，到20世纪60年代初，他以激进的反对声音进入塞内加尔政坛，反对诗人总统利奥波德·森古尔。1986年，他去世一年后，达喀尔大学更名为切克·安塔·迪奥普大学，这凸显了他以埃及为中心理论的持续的吸引力。

后殖民国家

统一性与多样性之争不仅是一场关于非洲历史本质的学术辩论，也是一个政治问题，塑造了非殖民化进程和后殖民时期正在进行的冲突轮廓。法国和英国在非洲的选举使政治行动集中在个别领土上，在这些领土上所提供的真正利益冲淡了泛非洲主义统一性那陈旧而模糊的理想。1957年，黄金海岸成为撒哈拉以南的非洲第一个获得完全独立的国家，这个新国家采用了最早的苏丹帝国的名字——加纳。几内亚随后在1958年的投票中支持完全主权，而不是继续与法国保持联系，这导致了两年后法属非洲其余地区的分裂和独立。1960年，非洲人口最多的国家尼日利亚、索马里和比属刚果独立。

这是一个令人欢欣鼓舞和极度乐观的时刻——实际上，是一个真正为自己正名的时刻。然而，尽管泛非主义的火炬手、“大陆政府”的倡导者——加纳的夸梅·恩克鲁玛发表了崇高的言论，但越来越明显的是，独立将在各个民族国家通过巩固权力而得到保障。此外，随着欧洲统治的强制性基础的突然撤出，这些新国家的内部统一性也受到了怀疑。非洲内外的普遍看法往往认为，内部冲突是某种原始部落制度倒退的结果。然而，正如我们所看到的，最近的研究表明，种族认同和区域间的敌对往往不是殖民统治的产物。历史学家现在才开始意识到，后殖民时期非洲的社会冲突和政治暴力的根源到底有多么复杂。

国家统一性和种族多样性之间的这种紧张关系在前比属刚果（现刚果民主共和国）最为明显。20 世纪 50 年代末，高度威权的比利时政权在最后一刻决定加入非殖民化的浪潮，试图将其广袤的中非领土与席卷整个非洲大陆的民族主义风隔绝开来，但以失败告终。结果是灾难性的。1960 年 6 月，刚果军队将权力移交给由极具魅力的民族主义者帕特里斯·卢蒙巴（Patrice Lumumba）领导的政府，几天之内，刚果军队就发生了叛乱，反对继续控制他们的白人军官。一周后，矿产丰富的加丹加（Katanga）南部地区脱离了刚果，刚果陷入了多年来反复发生的武装冲突之中，卢蒙巴被他的敌人谋杀，国家分裂为敌对政府、少数民族领地和外国干预领地。

一方面是担心苏联的影响，另一方面又担心西方的新殖民主义，刚果成了非洲第一个冷战战场。所谓的“刚果危机”（刚果人自己也称这段时期为

“混乱时期”）在1965年结束，独裁政权在记者出身的将军约瑟夫·蒙博托（Joseph Mobutu）发动军事政变后重新集中。蒙博托·塞塞·塞科（Mobutu Sese Seko）凭借他对文化和历史“真实性”的扭曲看法，最终成为贪污腐化的非洲独裁者中的佼佼者，作为新生的“利奥波德”，掌管着被称为“岩石破坏者”的最新化身。

刚果的灾难是非殖民化和后殖民非洲国家失败的一个极端例子。相反，非洲大陆的大多数新国家在没有经历这种灾难性崩溃的情况下，通过谈判实现了向独立的过渡。事实上，20世纪60年代，许多非洲国家在领导人的既定目标——经济“现代化”和“国家一体化”方面取得了虽不引人注目但稳步的进展。反殖民民族主义的势头如今势不可当，它在1961至1964年之间把英国的东非和中非带到了独立的边缘，并在葡萄牙殖民地引发了解放战争，最终导致了对南罗得西亚（津巴布韦）白人殖民者政权的反抗。

图 28　非洲政治与非裔美国政治纠缠不清。1961 年，在纽约市哈莱姆区举行的全国有色人种促进会（National Association for the Advancement of Colored People）集会上，伊斯兰国家的成员举着印有被谋杀的刚果总理帕特里斯·卢蒙巴画像的标语，发起了一场示威活动

尽管非洲国家继续贫困并普遍缺乏民主问责制，但 20 世纪 60 年代普遍的乐观情绪仍然高涨。这在某种程度上反映了在非洲史学的第一波浪潮中，即使是在刚果，在萨赫勒地区的贫困国家，在从种族隔离的南非北部的黑人“城镇”到卡萨布兰卡和开罗的广大城市棚户区，过去的韧性、创新和文化活力仍在继续。对政治自由的追求并没有取代对个人精神解放的追求，在 20 世纪下半叶，对伊斯兰教和基督教的皈依继续加速。最具象征意义的是，新

的流行音乐形式为日常生活中的挣扎提供了富有感染力的原声音乐，表达了对美好未来的渴望。到20世纪60年代末，刚果最著名的城市人物已经不是政治巫师蒙博托，而是吉他能手佛朗哥·卢安博·马卡亚迪（Franco Luambo Makiadi），英国爵士乐团的领袖，也是非洲第一位音乐巨星。佛朗哥的伦巴音乐席卷了整个非洲大陆，将蒙博托的刚果（1971年被重新命名为扎伊尔）从殖民和后殖民时期神话制造的黑暗中心变成了“舞蹈中心”。最近，历史研究从政治和经济向社会和文化的扩展，开始揭示日常生活中这些潜在节奏的动态。

然而，到了20世纪60年代末，乐观情绪明显恶化。1966年，加纳民众广泛支持将夸梅·恩克鲁玛赶下台的军事政变，这是民族主义领导人的承诺开始变得空洞的早期迹象。然而，一党制国家只让位于军事独裁的“无党制国家”。同年的一系列政变为尼日利亚从1967到1970年陷入内战提供了催化剂。尼日利亚在企图脱离比夫兰（Biafran）独立的过程中毫发无损，但处于军事统治之下，独立的希望几乎破灭。

图 29　流行文化。1952 年，进入种族隔离时代四年后，舞者们来到约翰内斯堡。照片由尤尔根·沙德伯格（Jurgen Schadeberg）拍摄，他是南非著名杂志——《鼓》（*Drum*）的主要摄影师之一

接着在 20 世纪 70 年代，整个非洲大陆出现了严重的经济衰退。未能使脆弱的经济多样化，摆脱对初级商品出口的依赖，意味着 1973 年石油危机后世界经济陷入衰退，对非洲的影响是毁灭性的。简而言之，战后繁荣的终结意味着发展状态的终结。由于无法提供迅速增长的人口所需要的服务，国家本身开始收缩，使越来越多的公民尽其所能自谋生

路。在最糟糕的情况下，它开始与它的前任殖民者相似：非法、外来且具有掠夺性。不断加深的危机也标志着第一阶段的新非洲历史结束。当独立的希望破灭时，第二代历史学家不再关注土著国家缔造者的成就，而是关注潜在的经济和社会斗争，这些斗争往往弥合了殖民前和殖民时（至少是殖民后）非洲之间的鸿沟。

| 第七章 |

记忆和遗忘，过往和现在

07

50年前，也就是20世纪50年代中期[1]，“非洲历史”的概念几乎不存在。除少数非裔美国知识分子的思辨著作、受过使命教育的非洲人出版的口头传统文集，以及一些同样晦涩难懂的古阿拉伯编年史译本之外，几乎没有或根本没有学者涉足非洲大陆的历史。对非洲的研究以社会人类学学科为主导，其实践者往往对非洲文化高度同情，往往把它们描绘成永恒不变的文化。非洲大陆撒哈拉沙漠以北的地区，拥有成熟的文化，因此具有可恢复的历史，一般被认为更属于地中海或阿拉伯世界，而不属于南部的“黑非洲”。简而言之，非洲被认为是一个分离的领域，一个没有历史的大陆，其未来的进展

1　本书英文版出版于2007年。

取决于欧洲托管制度的延续。

随后，发生了一场思想革命。随着欧洲殖民主义的崩溃，非洲历史的恢复成为非洲主权恢复的一个组成部分。从 20 世纪 50 年代的一小群先驱开始，非洲主义历史学家队伍在随后的几十年里急剧扩张，成功地将非洲历史纳入欧洲、北美和非洲自己的大学课程中。面对持怀疑态度的学术机构和缺乏世界其他地区历史学家可获得的大量文献证据，非洲主义者利用了一系列创新的来源和方法，以便向被殖民主义和欧洲中心主义谴责的人民发出声音，使他们保持沉默。在这样做的过程中，他们通过使非洲重新融入广泛的历史，实现了“人性化”非洲，同时丰富了学术学科本身。

至少，这是公认的说法。就像那些纪念开国元勋的非洲起源传统一样——像卢巴人卡拉拉·伊伦加这样的“文化英雄”，他们在蛮荒的边疆创造了文明——它包含的不仅仅是真理的核心。但和这些传统一样，这个故事也更加复杂，争议也更大。然而，有一件事是清楚的：非洲历史写作中乐观、视野开阔的状态现在早已不复存在。早在 20 世纪

70 年代，学术事业的相关性和方向就明显存在不确定性。随着非洲进入长期经济衰退和政治动荡的时期，这个年轻领域开始从一个主导“范式”走向另一个主导“范式”。后殖民危机也对非洲大陆的大学造成了持久的破坏：资金枯竭，体制和物质基础设施崩溃，图书馆藏书状况恶化，许多历史学家选择在海外实践他们的“手艺”。从最近的史学调查中弥漫的焦虑感来看，非洲历史似乎处于一种持续不断的危机状态，在如何更好地保持过去和现在之间的对话上，在学术学科和土著对历史的看法之间，以及在西方如何最好地与非洲学者打交道上都存在分歧。

在最后一章中，我们考虑当前非洲历史研究的发展状况。非洲历史领域的方向是什么？在某种程度上，处理非洲历史的方式不断变化，继续受到非洲大陆本身命运变化的影响。在 21 世纪初，只有最乐观的观察者才会认为两者都处于健康状态。非洲，特别是撒哈拉以南的非洲，被普遍认为陷入了永久的危机。普遍贫穷、腐败、缺乏政治问责制、生态危机、饥荒、艾滋病毒 / 艾滋病大流行，以及索马里、塞拉利昂、利比里亚、科特迪瓦、达尔富尔（苏丹西部）和刚果民主共和国的崩溃和内战——有时似乎刚果独立初期的“混乱”（法语为“pagaille”）已经席卷了整个大陆。这一暗淡的景象可能表明，非洲仍被带有偏见的局外人视为某种程度上的“病态”、无序和不正常。但这也是许多普通非洲人自己持有的观点。对过去历史的研究该如何解释这一令人不安的现状呢?

记忆和遗忘

首先，让我们来看两个关于现代非洲的记忆、遗忘和历史的故事。第一个故事，我们回到马里共和国，在马里我们由古詹纳开启了本书的写作。它的中心人物是瓦·卡米索栝（Waa Kamisòkò，约 1919—1976），他是尼日尔河上游旧马里帝国曼德中心地带的一名著名的口头传说艺人。正如 P. F. 德·莫莱斯·法里亚斯（P. F. de Moraes Farias）所研究的，瓦·卡米索栝的职业生涯告诉我们，在保存记忆和再现历史方面，过去和现在之间存在着紧张的关系。和其他口头传说艺人一样，他擅长表演循环的歌曲和叙事，其中包括歌颂 13 世纪马里开国元勋的《松迪亚塔》史诗，以及有关该国最伟大的统治者曼萨·穆萨的史诗。曼萨·穆萨在 1324 至 1325 年进行了著名的麦加朝圣。不寻常的是，他还与学术界建立了密切的关系，参加国际历史研讨会，并与马里人类学家 Y. T. 西塞（Y. T. Cissé）合作（法语）翻译和出版他的《松迪亚塔》史诗。

因为与学术界的这些联系，也或许因为他拥有更丰富的现代马里个人经验，瓦·卡米索栝的角色超越了传统的口头传说艺人和历史“线人”的角色。他通过将自己的批评影射到既定的叙事中来做到这一点。正如我们在第三章中所指出的，口述传说往往被叙述它们的政治环境所重塑。它们倾向于使现状合法化——在一定程度上，在现代马里，口头传说艺人被执政精英招募，以证明政治威权主义的正当性。然而，瓦·卡米索栝经常批评受人尊敬的历史人物以及 20 世纪六七十年代马里的民族主义领导人。例如，在对《松迪亚塔》史诗的解释和对奴役历史的叙述中，他提出了一个理由，要求更多地承认边缘化种姓群体尼亚曼卡拉（nyamankala）及奴隶后裔对过去和现在的曼登卡（Mandenka）社会的贡献。

事实证明，瓦·卡米索栝对伊斯兰教的看法最具争议。像许多马里人一样，他个人的宗教身份是复杂的，包括伊斯兰教和土著宗教。瓦·卡米索栝是“基里纳之鸟”（Bird of Krina）——基里纳科诺崇拜协会（Kirina Kònò）的成员，该协会以他的家乡基里纳为中心，他经常批评伊斯兰教对古老的曼登卡文化造成的破坏性影响。在“新传统主义者”和穆斯林改革家之间的争论日益激烈之际，新传统主义者认为伊斯兰教本质上与非洲文化格格不入，而穆斯林改革家则鄙视基里纳科诺等异教崇拜，瓦·卡米索栝则用他的口头表演强调了两种信仰体系共存的历史。他将曼萨·穆萨对伊斯兰教的“过度”热爱与当代改革派的好战精神相提并论，同时反思了伊斯兰教的主题如何掩盖了古老的曼登卡历史。他对过去的解释，就像在古詹纳工作的考古学家一样，代表着对“帝国传统”既定叙事的批判。

第二个故事，我们来到津巴布韦，来到北部马塔贝莱兰（Matabeleland）的恩卡伊（Nkayi）和卢帕内（Lupane）地区。与曼德卡地区形成鲜明对比的是，这是一个长期定居的中心地带，具有高度的文化延续性的同时，也是一个有着最近动荡历史的边境地区。它的另一个特点是缺乏地方历史文献以及像瓦·卡米索栝一样的“有机知识分子”。恩卡伊和卢帕内在殖民时期被尚加尼保护区（Shangani Reserve）包围，这是英国在19世纪90年代占领当时的南罗得西亚时，为安置恩德贝勒人而设立的两个“自然保护区”之一。20世纪的第一个十年，流离失所的恩德贝勒酋长和他们的追随者开始进入尚加尼森林，定居在说汤加语（Tonga）、尚韦语（Shangwe）和其他语言的分散人口中，并在一定程度上适应了当地文化。第二次世界大战后，移民人数增加了。根据特伦斯·兰杰的说法，那时很多恩德贝勒人都是自觉的现代进步基督徒。他们保留了恩德贝勒人的身份，经常把尚加尼人的原始民族统称为“赞比西人”。后者则称他们为“被抛弃的人”（daluka）。兰杰认为，

“要发展出一段共同的地方历史，即使不是不可能的，也是困难的”。

这并不意味着尚加尼人对过去毫无概念。然而，“历史”是关于最近的历史。兰杰和他的研究合作者已经确定了关于二战后的两个宏大叙事。其中之一是关于恩德贝勒的被驱逐者的叙事，它讲述了一个背井离乡的民族将文明价值观带到边境荒野的传奇故事。另一个叙事是关于民族主义的，民族主义在20世纪70年代反对白人少数政权的游击战和80年代抵抗罗伯特·穆加贝（Robert Mugabe）领导的非洲民族联盟（ZANU）政府的独立后斗争中达到了高潮。就像在非洲其他许多地方一样，关于民族主义斗争的叙事覆盖了更古老的、地方碎片化的记忆，有时使它们沉默，有时使它们放大。

这种不同层次历史的参与过程，出现在兰杰对1992年计划为在游击战中丧生的津巴布韦非洲人民联盟（ZAPU）战士举行的纪念仪式的描述中。我们选择的地点是卢帕内地区的普普（Pupu），这是恩德贝勒国王罗本古拉（Lobengula）最后一场战斗的地点，也是 1893 年英国南非公司巡逻的“最后一站”。在 20 世纪六七十年代的丛林战争期间，津巴布韦非洲人民联盟游击队为了从恩德贝勒的军事传统中汲取力量，曾经造访过这个古老的战场。然而，计划中的仪式存在争议。穆加贝政府对此持怀疑态度，担心恩德贝勒王权的恢复或当地人重新对津巴布韦非洲人民联盟效忠。此外，普普的人口是多元的，许多非恩德贝勒人对将民族主义斗争如此明确地与罗本古拉及其著名的父亲姆济利卡齐（Mzilikazi）联系在一起感到不快。事实上，当不同的参与者在“英雄日”的前一天晚上聚集在一起时，被恩德贝勒人推翻的地方统治者罗兹维（Rozwi，mambo）的灵魂附身于某种现实媒介。兰杰写道：“这一媒介要求人们承认过去的历史，并治愈过去的暴力。一段很少被阐明的历史在这个仪式上得到了突破。”

图 30　后殖民暴力。1975 年 11 月 12 日，在葡萄牙统治崩溃之后，争取安哥拉彻底独立全国联盟（简称“安盟”，National Union for the Total Independence of Angola，UNITA）的一名士兵在新里斯本（现在的万博市，Huambo）一座被推倒的殖民雕像旁留影。安盟和敌对的安哥拉人民解放运动（MPLA）政府之间将近 20 年的内战随后爆发

记住现在

这两个例子说明了近年来在非洲历史研究中开始出现的另一些主题。一是对思想史的关注，也

就是说，人们思考事物和表达事物的方式和方法。正如我们在第一章中所看到的，随着环境史的兴起，新的研究议程往往是更广泛的学科或更普遍的学术方式转变的一部分。但它们也受到非洲过去和现在的特殊性的影响。这两项研究都是关于历史的历史。因此，它们反映了人们对知识生产和有争议的表现形式的更广泛关注：人文学科中所谓的“文化语言转向”，与后现代主义的思想松散地联系在一起。然而，它们也有一个特定的非洲背景：非洲大陆的历史学家必须审问过去和现在之间的关系，以及土著人对其历史及工艺这两者的看法。

在整个非洲新历史的演变过程中，现在对过去观念的影响是显而易见的。非洲历史研究的第一次重大调整是20世纪70年代的转变，它从最初侧重于国家建设研究转向了可以称之为政治经济领域的研究。在某些情况下，这涉及一个意识形态上更为激进的议程，尤其是沃尔特·罗德尼的《欧洲是如何让非洲欠发达的》（1972）和法国马克思主义人类学家对经济体系结构（称为“生产方式”）的研究所例证的“依赖理论”方法。这些马克思主义分析的变体代表着将更普遍的范畴应用于非洲的尝试，有趣的是注意到它们的影响是多么有限。到20世纪80年代中期，它们已经从人们的视野中消失，这表明西方社会科学理论确实与非洲的现实格格不入，但马克思主义人类学确实留下了不朽的遗产。通过强调穷人和富人、年轻人和老年人、男人和女人以及自由人和不自由人之间，在经济和社会权力方面的差别，它对打破同质国家、部落和亲属群体的固有观念做出了重要贡献。这项研究激发了奴隶制、性别，以及现代南非等几个关键领域的研究。由于它对资本主义运作的关注，马克思主义分析在现代南非这一研究领域有特别的价值。

在一个工业化或阶级形成十分有限的大陆，马克思主义的经济分析只能走到这一步。但是，它对社会斗争的强调为更广泛的社会史的发展开辟了道路，这不是一部关于高级政治和“伟人”的历史，而是关于普通男女的历史。当非洲的政治领袖们显示出自己绝非伟人时，更多的历史学家开始关注日常生活的潜在节奏。当然，他们需要证据——书面记录和口头证词——来揭示普通人的行为、动机、信仰和愿望。在某种程度上，这就是20世纪非洲历史研究数量不断增长的原因。这并不是说，现在只对殖民主义感兴趣的历史学家已经抛弃了更深层、更“真实”的非洲历史。更重要的是，重建一个由个体以他们所有的复杂性和特质所组成的非洲的愿望，而不是由不知名的集体（“部落”）所组成的愿望，无情地把历史学家引向了近代。

也就是说，非洲的历史学家像所有的历史学家一样，必须小心，不要把自己看待世界的方式强加给不同的文化和过去的时代。这对非洲人本身和非非洲人都是如此。正如保罗·法里亚斯（Paulo Farias）在谈到马里东部的中世纪碑文时所指出的那样，这些碑文产生于一个与现在生活在同一个地方的人相去甚远的知识世界。它也适用于不久前的历史。许多非洲社会确实有一种强大的集体精神，个人的愿望和自主行动被淹没在这种精神之中——即使这种精神并不像曾经认为的那样，是集体的。约瑟夫·米勒写道：“许多证据中个体的匿名性，与其说是资料来源的不足，不如说是打开了一扇窗户，让我们得以了解非洲人的集体思维方式。”

这种集体思想出现在“巫术”的概念中，在许多非洲社会中，这个概念解释了不幸和过多的个人财富。如今，巫术吸引了历史学家的兴趣，部分原因在于其持续的重要性，包括在政治领域。简而言之，巫术的语言被用来解释殖民和后殖民国家的“吸血鬼”力量，就像早些时候它似乎被用来理解奴隶贸易的邪恶一样。所有这些外来势力都在消耗财富或人类，就像女巫被视为“吃掉”受害者的灵魂一样。政治学家让－弗朗索瓦·巴亚特将这种消费观念（有时被蒙博托·塞塞·塞科等人充分利用）称为“肚子的政治”。

因此，巫术故事，就像早期现代欧洲的故事一样，不仅仅是关于怪诞或神秘的故事。它们是更广泛的非洲思想史和文化史的关键组成部分。从这段思想史中产生的是对记忆的一种更为具体的关注。从一开始，历史学家就试图挖掘代代相传的土著记忆。随着口头传说的分析挑战变得越来越明显，代表非洲社会“历史”的体裁的多样性也变得越来越明显。历史记忆，经常作为史诗叙事、仪式、赞美诗、视觉艺术，甚至在以录音带采访研究员的形式被“表演”，而不是简单地被描述为一套编撰的事件。这类体裁远非在传递一成不变的集体传统，而是允许个性化的反思和重新诠释。在许多情况下，它们还与由学者和当地知识分子撰写的书面历史纠缠在一起。这一点在瓦·卡米索栝的例子上很明显，他与学者的对话影响了他对传统的诠释。它也出现在自 20 世纪 70 年代以来刚果艺术家，例如茨班巴·坎达－马图鲁（Tshibumba Kanda–Matulu）创作的令人回味的历史画作中（其中一些是受西方学者的委托创作的）。用其中一位学者的话说，人类学家约翰内斯·法比安（Johannes Fabian）、坎达－马图卢（Kanda–Matulu）和其他画家在从事“记住现在”的任务。

图 31　塞缪尔·福索（Samuel Fosso）。《酋长：把非洲卖给殖民者的人》，摘自《塔蒂系列》，《自画像 I-V》，1997 年。福索是当代非洲最著名的艺术家之一，驻扎在中非共和国班吉，他假扮成自封的全能统治者，颠覆性地塑造了刚果独裁者蒙博托·塞塞·塞科的形象，还戴着土著国王的王冠

然而，记忆就像对过去的所有想象一样，是有选择性的。有些事情可以回忆起来，但很多事情却被遗忘了。而大众记忆记住的事件可能是真实的，而“官方记忆”可能是完全不同的。这在今天的非洲和过去一样真实，那时那些在政治斗争中取得胜利的人可以讲述被奉为神圣的传统故事。马里的

瓦·卡米索栝和刚果（扎伊尔）的茨班巴·坎达－马图鲁在塑造自己的历史愿景时，都利用了大众记忆的溪流，而这些记忆往往与过去所接受的版本背道而驰。从某种程度上看，他们是“反霸权”的。在其他地方，比如津巴布韦北部的马塔贝莱兰地区，另类的历史记忆更容易被主流叙事所淹没。而且，正如马塔贝莱兰事件所表明的那样，被置于更古老、更深层次潮流之中的最经常的叙事是民族主义。

这就把我们带到了非洲历史写作的最后一个发展阶段：人们对非洲大陆“当代”历史越来越感兴趣。“当代”的确切构成尚不清楚，但在非洲的背景下，这个词似乎在广义上与后殖民时期同义。正如历史学家逐渐开始关注殖民主义的复杂性一样，研究前沿现在正进入20世纪下半叶。我们在上一章谈到了一些正在出现的主题，特别是从殖民帝国向民族国家转变的连续性和变化模式。现在开始变得清楚的是，这种政治过渡只是许多历史中的一段，这些历史往往被反殖民解放和建立新国家的叙述所淹没。许多为摆脱殖民压迫而战的人发现，他们的故事被政治对手压制住了，这些政治对手一旦掌权，就会竭力忘记过去为追求“国家统一”而进行的斗争。马塔贝莱兰的津巴布韦非洲人民联盟武装分子只是一个例子。另一个例子是 20 世纪 50 年代肯尼亚茅茅起义中的森林战士，茅茅起义既是反殖民起义，又是基库尤社会的内战。正如兰杰所言，对所有这些故事的认识，对于治愈过去的暴力和缓和现在的紧张局势是必要的。

非洲历史，非洲遗产

2007 年是废除《奴隶交易法》200 周年纪念年。经过废奴主义者的长期运动，英国议会最终投票决定禁止在英国船只上运送奴隶，自 1807 年 5 月 1 日起生效。这不是第一个废奴立法 —— 美国的一些州已经禁止了这种贸易，丹麦也是。与此同时，在 1791 年加勒比殖民地圣多明戈（海地）爆发大规模奴隶起义之后，革命中的法国宣布结束奴隶贸易和奴隶制度，但 1802 年拿破仑又恢复了这两项制度。奴隶废除制度也没有立即生效。直到 19 世纪中叶，大量的非洲人仍然被出口到大西洋对岸，而奴隶制本身在巴西和古巴一直持续到19世纪80年代，在非洲许多地区一直延续到20世纪。尽管没有明确界定，但1807年代表了现代世界的一个关键时刻。废除《奴隶交易法》的200周年纪念，应该促使人们反思非洲历史与它所属的更广泛的人类历史之间的关系。

奴隶制也把我们带回了起点：非洲的建构。人们将记住，非洲的概念部分源于跨大西洋奴隶贸易的经历。那么，是有非洲历史这样的东西，还是只有历史，就像它碰巧在非洲大陆上展开的那样？最后，对这个问题的任何回答都是主观的。所有关于任何地方历史的断言，都同时是关于特定历史的断言，以及关于知识的普遍性和历史“真理”的断言。然而，许多人会辩称，如果非洲有一个独特的历史，那么至少在过去几个世纪里，它是由一系列创伤性的历史经历铸成的，包括奴隶贸易、19世纪的动荡、殖民征服，以及独立时代持续的贫困、暴力和政治独裁。所有这些事件都不能被简单地描述为所有非洲人所遭受的无法减轻的灾难，正如我们所看到的，它们的影响比人们通常所认识到的更为复杂和不同。非洲社会经受住了过去的挑战，也将经受住现在的挑战。然而，这一连串的创伤对非洲人的生活经历，以及对非洲本身概念的形成所产生的影响不可低估。问题是如何最好地恢复和代表这段苦难、斗争和有韧性的历史。

在反殖民斗争和民族解放的令人兴奋的岁月中出现的非洲历史，从一开始就作为一项学术努力而具有一项使命。它开始纠正过去的错误，改变世界——或者至少改变人们对过去的设想。对一些历史学家来说，这就是它的优势；对其他人来说，这是它的弱点。所有人可能都同意，改变既定的历史观念，以及帮助改变非洲本身的责任是一个沉重的负担。在大学和专业协会内部的种族和权力问题、西方历史认识论与非洲历史的关联、历史写作在多大程度上应成为一种学术活动或政治活动等问题上，必然会出现分歧，而且很快就出现了分歧。这些分歧主要在美国展开，不仅因为美国自身种族政治的激烈程度，而且因为它很快就超越了旧殖民主义列强和独立的非洲，成为非洲历史研究的主要中心。早在 1969 年，美国非洲研究协会（American African Studies Association）的一些黑人成员就从主要机构中分离出来，在与之竞争的非洲遗产研究协会（African Heritage Studies Association）中推行更广泛的非洲主义议程。种族分歧从来就不是绝对的，而如今，来自美国、非洲等地的黑人和白人学者参加了美国非洲研究协会会议。但关于历史与遗产之间关系的争论仍在继续，后者意味着某种东西是继承而来的，因此是人们所“拥有的”。

这种“遗产战争”并不是非洲历史上特有的。近年来，由于激进的印度教民族主义的崛起，这些问题在印度尤为突出。他们最近还呈现了关于应该如何在学校教授英国历史的争议：对一些人来说，对国家荣耀的宏大叙事，或更坚韧、更具包容性的“底层历史”读起来令人不快。纪念奴隶贸易是这个问题突出的一个方面。而且它是双向的，其中一个关于奴隶贸易的版本中，并未太多提及非洲统治精英对奴隶贸易的参与，这段历史经过滤后呈现了局部事实，就像英国历史中同样轻描淡写地提及了其所参与的奴隶贸易。

另一个是南非的历史。种族隔离制度的最后崩溃以及纳尔逊·曼德拉和非洲国民大会（African National Congress，ANC）的掌权，是近代世界历史上的一个关键事件。1994 年，就在卢旺达种族灭绝恐怖事件发生几周后，非洲国民大会在选举中获胜，象征着未来希望的灯塔。它可以被视为非洲非殖民化长期进程（撇开摩洛哥对西撒哈拉的持续占领不谈）中的最后一项行动，是在非洲大陆大部分地区民众要求结束独裁统治和自由多党选举的压力日益增大之际发生的。目前的政治斗争已经暂时解决，剩下的是如何再现和调和过去的斗争。

民主南非现在面临的众多任务之一，是如何重新思考和改写其历史。学校和大学应该如何教授历史？国家真相与和解委员会（Truth and Reconciliation Commission）启动的程序应该是关于宽恕与遗忘的，还是关于纠正过去的错误的？在种族隔离制度的黑暗岁月里，过去被那些有权力的人劫持了。历史被关于白人殖民者的宏大叙事所主宰，被新兴的南非民族与“班图人”和大英帝国争夺土地并使之文明化的战争所支配。但是反叙述，即胜利的非洲黑人民族主义，同样是简单化的。它太过沉默，也太过暴露；它是一种被掩盖的遗产，而不是历史。用南非著名历史学家舒拉·马克斯（Shula Marks）的话来说，挑战在于将南非的过去从一个简单的“道德剧”转变成一段复杂而模糊的历史。

非洲的历史是否还像在民族解放时期那样具有重要意义？答案肯定是响亮的“是”。非洲的当代危机常常使研究、写作和教授非洲历史成为一项巨大的挑战，尤其是对那些在非洲大陆苦苦挣扎的大学里的学者来说，他们的工作环境相当艰难。然而，我们会说，正如历史写作的“民族主义”阶段的胜利宣言多少有些夸张，当前对这一领域现状的焦虑也是如此。这并不是要淡化未来的困难，而是表明，非洲危机的严重性使人们明白，它是如何发展到今天的地步的，这一点和以往一样重要。

参考文献

第一章　非洲概念

Edward Said, *Orientalism: Western Conceptions of the Orient* (New York, 1978).

John Iliffe, Africans: *The History of a Continent* (Cambridge, 1995), p. 1.

Frederick Cooper, *Africa since 1940: The Past of the Present* (Cambridge, 2002).

James C. McCann, *Green Land, Brown Land, Black Land: An Environmental History of Africa, 1800–1990* (Portsmouth, NH, 1999), p. 3.

Roderick J. McIntosh, *The Peoples of the Middle Niger: The Island of Gold* (Oxford, 1998), p. xv.

第二章　非洲人：多样性和统一性

T. E. Bowdich, *Mission from Cape Coast Castle to Ashantee* (London, 1967 [1819]), p. 43.

W. E. Burghardt Du Bois, *The Negro* (New York, 1915).

Martin Bernal, *Black Athena: The Afroasiatic Roots of Classical Civilization* (London, 1987).

Samuel Johnson, *The History of the Yorubas* (Lagos, 1921).

Lee Cronk, *From Mokogodo to Maasai: Ethnicity and Cultural Change in Kenya* (Boulder, 2004).

第三章　非洲过往：历史之源

Jan Vansina, *Art History in Africa: An Introduction to Method* (London, 1984), p. 135.

Paul Jenkins (ed.), *The Recovery of the West African Past: African Pastors and African History in the Nineteenth Century* (Basel, 1998).

Jan Vansina, *Oral History: A Study in Historical Methodology* (Chicago, 1965).

Joseph C. Miller, 'History and Africa/Africa and History', *American Historical Review*, 104 (1999), p. 11.

Thomas Q. Reefe, *The Rainbow and the Kings: A History of the Luba Empire to 1891* (Berkeley, 1981).

John Yoder, *The Kanyok of Zaire: An Institutional and Ideological History to 1895* (Cambridge, 1992).

Susan Keech McIntosh, 'Archaeology and the Reconstruction of the African Past', in John Edward Philips (ed.), *Writing African History* (Rochester, 2005), p. 57.

Henry John Drewal, 'Signs of Time, Shapes of Thought: The Contribution of Art History and Visual Culture to Historical Methods in Africa', in Philips, *Writing African History*, pp. 330 and 332.

第四章　世界上的非洲

Jean–François Bayart, 'Africa in the World: A History of Extraversion', *African Affairs*, 99 (2000), p. 218.

C. A. Bayly, *The Birth of the Modern World 1780–1914: Global Connections and Comparisons* (Oxford, 2004).

John Thornton, *The Kongolese Saint Anthony: Dona Beatriz Kimpa Vita and the Antonian Movement, 1684–1706* (Cambridge, 1998).

J. D. Y. Peel, *Religious Encounter and the Making of the Yoruba* (Bloomington, 2000).

Jean Comaroff and John Comaroff, *Of Revelation and Revolution: Christianity, Colonialism and Consciousness in South Africa* (Chicago, 1991).

John Thornton, *Africa and Africans in the Making of the Atlantic World, 1400–1800* (Cambridge, 1998).

Robin Law and Paul E. Lovejoy (eds), The Biography of Mahommah Gardo Baquaqua: *His Passage From Slavery to Freedom in Africa and America* (Princeton, 2001).

Patrick Manning, 'Africa and the African Diaspora: New Directions of Study', *Journal of African History*, 44 (2003), p. 490.

第五章 非洲的殖民主义

Jacob F. Ade Ajayi, 'Colonialism: An Episode in African History', in L. Gann and P. Duignan (eds), *Colonialism in Africa* Vol. 1 (Cambridge, 1969).

Frederick Cooper, *Colonialism in Question: Theory, Knowledge, History* (Berkeley, 2005), p. 34.

Jan Vansina, *Paths in the Rainforest: Towards a History of Political Tradition in Equatorial Africa* (Madison, 1990).

David Robinson, *Paths of Accommodation: Muslim Societies and French Colonial Authorities in Senegal and Mauritania, 1880–1920* (Athens, Ohio, 2000).

Sir Apolo Kaggwa, *Kings of Buganda*, tr. M. Kiwanuka (Nairobi, 1971). David Cannadine, *Ornamentalism: How the British Saw Their Empire* (London, 2001).

Niall Ferguson, Empire: *The Rise and Demise of the British World Order and the Lessons for Global Power* (London, 2002).

Jomo Kenyatta, *Facing Mount Kenya: The Tribal Life of the Gikuyu* (London, 1938).

Terence Ranger, 'The Invention of Tradition in Colonial Africa', in E. J. Hobsbawm and T. O. Ranger (eds), *The Invention of Tradition* (Cambridge, 1983).

Mahmood Mamdani, *Citizen and Subject: Contemporary Africa and the Legacy of Late Colonialism* (Princeton, 1996).

第六章　想象未来，重建过去

Jacob F. Ade Ajayi, 'African History at Ibadan', in A. H. M. Kirk–Greene (ed.), *The Emergence of African History at British Universities* (Oxford, 1995), p. 93.

K. O. Dike, *Trade and Politics in the Niger Delta, 1830–1885* (London, 1956).

Thomas Hodgkin, *Nationalism in Colonial Africa* (London, 1956).

Paul E. Lovejoy, 'Nigeria: The Ibadan School and its Critics', in Bogumil Jewsiewicki and David Newbury (eds), *African Historiographies: What History for Which Africa?* (Beverly Hills, 1986), p. 202.

Walter Rodney, *How Europe Underdeveloped Africa*

(London, 1972).

Martin A. Klein, 'The Development of Senegalese Historiography', in Jewsiewicki and Newbury, *African Historiographies*, p. 217.

第七章　记忆和遗忘，过往和现在

P. F. de Moraes Farias, 'The Oral Traditionist as Critic and Intellectual Producer: An Example from Contemporary Mali', in Toyin Falola (ed.), *African Historiography: Essays in Honour of Jacob Ade Ajayi* (Harlow, 1993).

Terence Ranger, 'African Local Historiographies: A Negative Case', in Axel Harneit-Sievers (ed.), *A Place in the World: New Local Historiographies from Africa and South Asia* (Leiden, 2002), pp. 293 and 302.

Joseph C. Miller, 'History and Africa/Africa and History', *American Historical Review*, 104 (1999), p. 21.

Jean-François Bayart, *The State in Africa: The Politics of the Belly* (Harlow, 1993).

Johannes Fabian, *Remembering the Present:*

Painting and Popular History in Zaire (Berkeley, 1996).

Shula Marks, 'Rewriting South African History', in Simon McGrath et al. (eds), *Rethinking African History* (Edinburgh, 1997).

进一步阅读书目

第一章　非洲概念

哲学家而不是历史学家是研究非洲概念的先驱，参见 V. Y. Mudimbe, *The Invention of Africa: Gnosis, Philosophy, and the Order of Knowledge* (Bloomington, 1988) 和 *The Idea of Africa* (Bloomington, 1994)，以及 Kwame Anthony Appiah, *In My Father's House: Africa and the Philosophy of Culture* (New York, 1992)；比较见解参见 Ronald B. Inden, *Imagining India* (Oxford, 1990) 和 Chris Wickham, *Framing the Early Middle Ages: Europe and the Mediterranean, 400–800* (Oxford, 2005)；地理视角参见 Martin W. Lewis 和 Kären E. Wigen 的 *The Myth of Continents: A Critique of Metageography* (Berkeley, 1997)，这本著作发人深省。关于非洲历史最好的一卷书是 John Iliffe

的 *Africans: The History of a Continent* (Cambridge, 1995)；James C. McCann, Green Land, Brown Land 的 *Black Land: An Environmental History of Africa, 1800–1990* (Portsmouth, NH, 1999) 是一本很好的导论书籍。Roderick J. McIntosh 的 *The Peoples of the Middle Niger: The Island of Gold* (Oxford, 1998) 是一部杰出的历史考古学著作。关于更广泛背景的书籍参见 Graham Connah 的 *African Civilizations. Precolonial Cities and States: An Archaeological Perspective* (2nd edn, Cambridge, 2001), David W. Phillipson 的 *African Archaeology* (3rd edn, Cambridge, 2005)，以及 David M. Anderson 和 Richard Rathbone (eds) 的 *Africa's Urban Past* (Oxford, 2000)；关于《松迪亚塔》，参见 Ralph Austen (ed.) *In Search of Sunjata: The Mande Epic as History, Literature, and Performance* (Bloomington, 1999)。

第二章　非洲人：多样性和统一性

关于介绍非洲人口的历史参见 James L. Newman, *The Peopling of Africa: A Geographic Interpretation*

(New Haven, 1995)；关于介绍非洲语言的书籍参见 B. Heine and D. Nurse (eds), *African Languages: An Introduction* (Cambridge, 2000)；关于北非的书籍 Michael Brett 和 Elizabeth Fentress 的 *The Berbers* (Oxford, 1996) 非常不错；关于混合沿海社区的书籍，参见 John Middleton, *The World of the Swahili: An African Mercantile Civilization* (New Haven, 1992) 和 George Brooks, *Eurafricans in Western Africa* (Athens, Ohio, 2003)；对非洲中心主义的有力批判参见 Stephen Howe, *Afrocentrism: Mythical Pasts and Imagined Homes* (London, 1998)；关于南非的身份和历史想象参见 Carolyn Hamilton, *Terrific Majesty: The Powers of Shaka Zulu and the Limits of Historical Invention* (Cambridge, Mass., 1998) 和 T. Dunbar Moodie, *The Rise of Afrikanerdom: Power, Apartheid and Afrikaner Civil Religion* (Berkeley, 1975)；关于约鲁巴参见 Toyin Falola (ed.), *Yoruba Historiography* (Madison, 1991) 和 L. J. Matory, 'The English Professors of Brazil: On the Diasporic Roots of the Yoruba Nation', *Comparative Studies in Society and History*, 41 (1999)；

关于殖民前的卢旺达参见 Jan Vansina, *Antecedents to Modern Rwanda: The Nyiginya Kingdom* (Oxford, 2004)；关于 20 世纪，参见 Mahmood Mamdani, *When Victims Become Killers: Colonialism, Nativism, and the Genocide in Rwanda* (Princeton, 2001)；非洲流行音乐的历史还有待书写，但地区性的流行音乐史研究参见 G. Stewart, *Rumba on the River: A History of the Popular Music of the Two Congos* (London, 2000)。

第三章　非洲过往：历史之源

有关非洲历史上的证据和方法问题的有用介绍，请参阅文章 John Edward Philips (ed.), *Writing African History* (Rochester, 2005)；正在进行的发展参见期刊 *History in Africa*；*T adesse T amrat, Church and State in Ethiopia, 1270–1527* (Oxford, 1972) 是一本利用埃塞俄比亚地区丰富的文献资源对中世纪埃塞俄比亚的经典记述；撒哈拉沙漠以南的重要阿拉伯历史资料中，N. Levtzion 和 J. F. P. Hopkins (eds) 的 *Corpus of Early Arabic Sources for West African History* (Cambridge, 1981) 以及 John O. Hunwick 的 *Timbuktu and the Songhay Empire: Al-Sa 'dî's Ta' rîkh al-Sûdân down to 1613* (Leiden, 1999) 非常不错；Paulo F. de Moraes Farias, *Arabic Medieval Inscriptions from the Republic of Mali: Epigraphy, Chronicles, and Songhay-Tuâreg History* (Oxford, 2003) 也不错；关于口头叙述的书籍参见 Isabel Hofmeyr, '*We Spend Our Years as a Tale That is Told': Oral Historical Narrative in a South African Chiefdom* (Portsmouth, NH, 1994)；Sally Falk Moore, *Anthropology and Africa: Changing Perspectives on a Changing Scene* (Charlottesville, 1994) 是一本有用的指南；艺术史的可能性参见两本著作，即 Paula Girshick Ben-Amos, Art, *Innovation, and Politics in Eighteenth-Century Benin* (Bloomington, 1999) 和 Mary Nooter Roberts and Allen F. Roberts (eds), *Memory: Luba Art and the Making of History* (New York, 1996)；关于历史资料的照片，包括本书中使用的一些图片的评论参见 African Arts, *Special Issue: Historical Photographs of Africa*, 24, 4 (1991)，关于文献参见 Margaret Jean Hay (ed.), *African Novels in the Classroom* (Boulder, 2000)。

第四章　世界上的非洲

关于在世界历史上定位非洲的书籍参见 Steven Feierman, ‘AfricanHistories and the Dissolution of World History’, in Robert H. Bates, V. Y. Mudimbe, and Jean O’Barr (eds), *Africa and the Disciplines* (Chicago, 1993)；关于刚果的宗教史参见 Wyatt MacGaffey, *Modern Kongo Prophets* (Bloomington, 1983)；关于更广泛背景的书籍参见 Adrian Hastings, *The Church in Africa, 1450–1950* (Oxford, 1994)；对伊斯兰教最好的介绍是 David Robinson’s *Muslim Societies in African History* (Cambridge, 2004)，也可参考 Nehemia Levtzion and Randal Pouwels (eds), *The History of Islam in Africa* (Athens, Ohio, 2000)；关于奴隶制和奴隶贸易的巨著参见 Joseph C. Miller, *Way of Death: Merchant Capitalism and the Angolan Slave Trade, 1730–1830* (Madison, 1988)；Paul E. Lovejoy, *Transformations in Slavery: A History of Slavery in Africa* (2nd edn, Cambridge, 2000)；Boubacar Barry, *Senegambia and the Atlantic Slave Trade* (Cambridge, 1998)。David Eltis, Stephen D. Behrendt, David Richardson, and Herbert

S. Klein, *The Trans-Atlantic Slave Trade: A Database on CD-ROM* (Cambridge, 1999) 是一项卓越的成就；关于尼日利亚内陆地区项目参见 www.yorku.ca/nhp. Michael A. Gomez, *Reversing Sail: A History of the African Diaspora* (Cambridge, 2005) 是一本很好的导论式书籍；最近的许多研究可以在 *Slavery and Abolition* 期刊上找到，尤其是 Vol. 22, 1 (2001), special issue on 'Rethinking the AfricanDiaspora' edited by Kristin Mann and Edna G. Bay；关于马达加斯加的书籍参见 Pier M. Larson, *History and Memory in the Age of Enslavement: Becoming Merina in Highland Madagascar 1770–1822* (Portsmouth, NH, 2000)。

第五章　非洲的殖民主义

从非洲视角对征服的最好诠释是 John Lonsdale, 'The European Scramble and Conquest in African History', in *Cambridge History of Africa* Vol. 6 (Cambridge, 1985)；更多传统叙述参见 Thomas Pakenham, *The Scramble for Africa* (London, 1991)；Jonathan Glassman, *Feasts and Riot: Revelry, Rebellion and*

Popular Consciousness on the Swahili Coast, 1856–1888 (Portsmouth, NH, 1995) 考察了德国征服坦桑尼亚海岸的局部腹部；关于殖民统治的影响参见 John Iliffe, *A Modern History of Tanganyika* (Cambridge, 1979)，这是一本经典著作；关于女性经验的专著可以从 Jean Allman, Susan Geiger, and Nakanyike Musisi (eds), *Women in Colonial African Histories* (Bloomington, 2002) 开始阅读；关于 20 世纪乡村社区如何谈判的生动叙述参见 Landeg White, *Magomero: Portrait of an African Village* (Cambridge, 1987)；其他关于殖民统治的专著参见 T. C. McCaskie, *Asante Identities: History and Modernity in an African Village, 1850–1950* (Edinburgh, 2000)；关于思想传播的专著参见 Andrew Roberts (ed.), *The Colonial Moment in Africa: Essays on the Movement of Minds and Materials, 1900–1940* (Cambridge, 1990)；关于传统发明与间接规则的专著参见 T. O. Ranger, 'The Invention of Tradition Revisited', in T. O. Ranger and Olafemi Vaughan (eds), *Legitimacy and the State in Twentieth-Century Africa* (London, 1993), and Thomas Spear, 'Neo-Traditionalism and the Limits of Invention in British Colonial Africa', *Journal of African History*, 44 (2003)。

第六章　想象未来，重建过去

关于战争对非洲的影响的专著参见 David Killingray and Richard Rathbone (eds), *Africa and the Second World War* (London, 1986)；Frederick Cooper in his *Africa since 1940: The Past of the Present* (Cambridge, 2002) 一书中对战后时刻进行了深入的分析；J. D. Hargreaves, *Decolonization in Africa* (2nd edn, London, 1996) 是一项有用的调查；关于加纳非殖民化的文献尤其发达：参见 Jean Allman, *The Quills of the Porcupine: Asante Nationalism in an Emergent Ghana* (Madison, 1993) 以及 Richard Rathbone, *Nkrumah and the Chiefs: The Politics of Chieftaincy in Ghana, 1951–1960* (Oxford, 1999)；关于茅茅起义的文献也很丰富：John Lonsdale, 'The Moral Economy of Mau Mau', in Bruce Berman and John Lonsdale, *Unhappy Valley: Conflict inKenya and Africa* Vol. 2 (London, 1992), and David Anderson, *Histories of the Hanged: Britain's Dirty War in Kenya and the End of Empire* (London, 2005)；Alistair Horne, *A Savage War of Peace: Algeria, 1954–1962* (London, 1977) 是一部经典著作；帝国末期的英国文献是重要的资源，最近的系列文献包括 Philip Murphy, *Central Africa*, two volumes (London, 2005)；关于非洲历史出现的文献，从阅读先驱们的回忆录开始是不错的选择，包括 Jan Vansina, *Living with Africa* (Madison, 1994)；关于泛非主义传统的专著参见 V. Y. Mudimbe (ed.), *The Surreptitious Speech: Présence Africaine and the Politics of Otherness, 1947–1987* (Chicago, 1992)；以典型、犀利的评论来评价黑人性和非洲的后殖民困境的专著参见 Wole Soyinka, *The Burden of Memory, the Muse of Forgiveness* (New York, 1999)。

第七章　记忆和遗忘，过往和现在

Stephen Ellis, 'Writing Histories of Contemporary Africa', *Journal of African History*, 43 (2002)，调查和挑战了近代史；关于记忆的专著参见 Jocelyn Alexander, JoAnn McGregor, and Terence Ranger, Violence and Memory: *One Hundred Years in the Dark*

Forests of Matabeleland (Oxford, 2000), Rosalind Shaw, *Memories of the SlaveTrade: Ritual and the Historical Imagination in Sierra Leone* (Chicago, 2002), Anne C. Bailey, *African Voices of the Atlantic Slave Trade: Beyond the Silence and the Shame* (Boston, 2005) 和 Sarah Nuttalland Carli Coetzee (eds), *Negotiating the Past: The Making of Memory in South Africa* (Cape Town, 1998)；关于苏丹南部现在和过去暴力的专著参见 Sharon E. Hutchinson, *Nuer Dilemmas: Coping with Money, War, and the State* (Berkeley, 1996)，这是一部历史人类学杰出专著；此外，关于历史是如何形成的，参见 Karin Barber, *I Could Speak Until Tomorrow: Oriki, Women, and the Past in a Yoruba Town* (London, 1991)；在众多的关于巫术的文献中，参见 Luise White, *Speaking with Vampires: Rumor and History in Colonial Africa* (Berkeley, 2000), and Jean Allman and John Parker, *Tongnaab: The History of a West African God* (Bloomington, 2005)；本书提出的许多问题的广泛讨论，参见 Paul Tiyambe Zeleza, *Manufacturing African Studies and Crises* (Dakar, 1997)；最后，两本

关于世界上非洲人的过去和现在的专著参见 Laurent Dubois, *Avengers of the New World: The Story of the Haitian Revolution* (Cambridge, Mass., 2004), and James Ferguson, *Global Shadows: Africa in the Neoliberal World Order* (Durham, NC, 2006)。

推荐阅读
读客·牛津通识课系列书目

已出版：

《牛津通识课：战争论》
Clausewitz: A Very Short Introduction

《牛津通识课：拿破仑战争》
The Napoleonic Wars: A Very Short Introduction

《牛津通识课：第一次世界大战》
The First World War: A Very Short Introduction

《牛津通识课：西班牙殖民者》
The Conquistadors: A Very Short Introduction

《牛津通识课：凯尔特人》
The Celts: A Very Short Introduction

《牛津通识课：苏格兰史》
Scotland: A Very Short Introduction

《牛津通识课：古埃及象形文字》
Hieroglyphs: A Very Short Introduction

《牛津通识课：非洲历史》
African History: A Very Short Introduction

即将推出：

《牛津通识课：天才都是疯子吗？》
Genius: A Very Short Introduction

《牛津通识课：信任博弈》
Trust: A Very Short Introduction

《牛津通识课：仪式》
Ritual: A Very Short Introduction

《牛津通识课：语言》
Languages: A Very Short Introduction

《牛津通识课：社会文化人类学》
Social and Cultural Anthropology: A Very Short Introduction

《牛津通识课：非洲宗教》
African Religions: A Very Short Introduction

《牛津通识课：日本武士》
Samurai: A Concise History

《牛津通识课：美国文化》
American Cultural History: A Very Short Introduction

《牛津通识课：美国移民》
American Immigration: A Very Short Introduction

《牛津通识课：林肯》
Lincoln: A Very Short Introduction

《牛津通识课：从康德到海德格尔》
German Philosophy: A Very Short Introduction

《牛津通识课：快乐的本质》
Epicureanism: A Very Short Introduction

《牛津通识课：自由意志》
Free Will: A Very Short Introduction

《牛津通识课：前苏格拉底哲学》
Presocratic Philosophy: A Very Short Introduction

《牛津通识课：思考》
Thought: A Very Short Introduction

《牛津通识课：真实》
Reality: A Very Short Introduction

《牛津通识课：意识》
Consciousness: A Very Short Introduction

《牛津通识课：地理大发现》
Exploration: A Very Short Introduction

《牛津通识课：喜剧》
Comedy: A Very Short Introduction

《牛津通识课：音乐》
Music: A Very Short Introduction

《牛津通识课：知识产权》
Intellectual Property: A Very Short Introduction

马上扫二维码，关注“**熊猫君**”

和千万读者一起成长吧！